BIAO ZHUN ZHON

标准中文

第三级　第一册

课程教材研究所　编著

————————中文学校

姓　名————————

人民教育出版社

图书在版编目（CIP）数据

标准中文. 第 3 级. 第 1 册/课程教材研究所编. —北京：人民教育出版
社，1999
ISBN 7－107－13169－9

Ⅰ. 标…
Ⅱ. 课…
Ⅲ. 对外汉语教学-教材
Ⅳ. H195.4

中国版本图书馆 CIP 数据核字（1999）第 23895 号

标 准 中 文

BIAO ZHUN ZHONG WEN

第三级　第一册

DI SAN JI DI YI CE

课程教材研究所　编著

*

人民教育出版社出版发行

（中国北京市海淀区中关村南大街 17 号院 1 号楼　邮编：100081）

网址:http://www.pep.com.cn

Fax No·861058758877

Tel No·861058758866

人民教育出版社印刷厂印装

*

开本：890 毫米×1 240 毫米　1/16　印张：10
1999 年 8 月第 1 版　2006 年 3 月第 4 次印刷

说　　明

一、标准中文系列教材是为中国赴海外留学人员子女和其他有志于学习中文的青少年编写的。全套教材包括《标准中文》九册（分三级，每级三册），《练习册》十二册（分A、B本，与第一、第二级课本配套），《中文读本》三册（与第三级课本配套）以及《教学指导手册》、录音带、录像带等。这套教材由中国课程教材研究所编写，人民教育出版社出版。

二、这套教材力求达到的学习目标是，学会汉语拼音，掌握2000个常用汉字，5000个左右常用词，300个左右基本句，能读程度相当的文章，能写三四百字的短文、书信，具有初步的听、说、读、写能力，有一定的自学能力，能在使用汉语言文字的地区用中文处理日常事务，并为进一步学习中文和了解中国文化打下坚实的基础。

三、教材编者从学习者的特点出发，在编写过程中努力做到加强针对性，注重科学性，体现实用性，增加趣味性，使教材内容新颖、丰富，练习形式多样，图文并茂，方便教学。

四、本册课本是《标准中文》第三级第一册。要求学习者学会194个汉字，454个词语，掌握140个词义多样、用法灵活的常用词语，能用普通话熟读课文，在此基础上了解课文的主要内容，并适当进行听话、说话和扩展阅读的训练。

五、本册共有30课，分6个单元编排，每单元5课。每课包括课文（短文或会话），生字表，生词表，词语例解，练习和图画。课文包括寓言和成语故事，神话和民间故事，民风民俗，语言文字，小散文，古诗和小说（改写）等，内容力求丰富多彩，能引起学习者的兴趣，并有利于语言训练和适当了解中国文化。课后的生字表只列入要求学会的生字，生词表中的生词不要求全部掌握。词语例解主要选择语义多样、用法比较灵活的常用词语或成语、俗语，讲解力求浅显、精要，便于学习者掌握和运用。练习侧重于字词句的复习巩固和观察、阅读、说话能力的培养。扩展阅读的训练有一定难度，供选用。书后附有生字表和词语表（只列入要求学会的生词），生字注有相对应的繁体字。

六、与本册课本配套的有《中文读本》《教学指导手册》和录音带。《中文读本》主要编选文化特色浓厚的短文，并附简要的注释和提示，供学习者课外阅读。《教学指导手册》可供教师教学和家长辅导学生时参考。录音带主要是课文的录音，邀请有关专业人士录制。在适当的时候，本册还将配备录像带，供教师教学和学习者自学之用。

目　　录

1 乌鸦和狐狸

乌鸦在大树上做了个窝。大树底下有个洞，洞里住着一只狐狸。

有一天，乌鸦找到一片肉，叼了回来。它站在窝边的树枝上，心里很高兴。

这时候，狐狸也出来找吃的。抬起头，看见乌鸦嘴里叼着一片肉，馋得直流口水。

狐狸想了想，就笑着对乌鸦说："您好，亲爱的乌鸦！"乌鸦不作声。

狐狸说："亲爱的乌鸦，您的羽毛真漂亮，麻雀比起您来，可就差远了。"乌鸦看了狐狸一眼，还是不作声。

狐狸又说："亲爱的乌鸦，您的嗓子真好，谁都爱听您唱歌。您唱一支吧！"乌鸦想："我才不会上你的当呢！"它紧紧地叼着肉，还是不理狐狸。

狐狸转了转眼珠子，忽然想出一个主意。它拉长脸，指着乌鸦大骂起来："该死的乌鸦，你有什么了不起？你是世界上最可恨的东西。谁碰上你，谁就要倒霉，谁听到你的叫声，谁就要遭殃。"

乌鸦听了狐狸的话，非常气愤，再也忍不住了。"啊……"它刚一张嘴，肉就掉到了地上。

狐狸叼起肉，钻到洞里去了。

yā	má	mà	hèn	méi	fèn
鸦	麻	骂	恨	霉	愤

生 词 NEW WORDS

乌鸦	wū yā	crow	麻雀	má què	sparrow
狐狸	hú·li	fox	嗓子	sǎng·zi	throat; voice
住着	zhù·zhe	live; stay	紧紧	jǐn jǐn	closely; firmly
找到	zhǎo dào	find	理	lǐ	pay attention to
片	piàn	thin piece	骂	mà	curse
心里	xīn·li	in the heart	该死的	gāi sǐ·de	what wretched …!
高兴	gāo xìng	happy; glad	可恨	kě hèn	hatefull
出来	chū lái	come out	倒霉	dǎo méi	have bad luck
抬起	tái qǐ	raise	叫声	jiào shēng	chirp; shout
口水	kǒu shuǐ	saliva	遭殃	zāo yāng	suffer disaster
亲爱	qīn 'ài	dear	气愤	qì fèn	indignant; furious
作声	zuò shēng	speak; say a word	张嘴	zhāng zuǐ	open one' s mouth

2

词语例解

才　副词

1. 表示事情在前不久发生，相当于"刚刚"(just)。例如：

　　妈妈昨天才从北京回来。

2. 表示事情发生或结束得晚 (something happens or finishes late)。例如：

　　你怎么才来？

3. 表示数量少，程度低，相当于"只 (zhǐ)"(only)。例如：

　　一共才两道作业题，一会儿就能做完。

　　他才学了一个月汉语，不能当翻译。

4. 表示强调 (expressing emphasis)。例如：

　　我才不会上你的当呢！

　　昨天那场篮球比赛才精彩呢！

　　让我演坏蛋，我才不干呢！

忽然　副词

指情况发生得迅速而又出人意料，相当于副词"突然"(suddenly)。

例如：

　　狐狸转了转眼珠子，忽然想出一个主意。

　　他说着说着，忽然哭起来了。

　　我们正在上课，忽然警铃响了。

＊"突然"又是形容词，可以说"很突然的变化"。"忽然"

　　不能这样用。

了不起　形容词

形容大大超过寻常，很突出 (amazing; terrific)。例如：

　　他能说七八种外语，真了不起。

　　他连续两年获得冠军，是个了不起的人物。

* "了不起" 常用于 "有（没、没有）什么……" 格式。例如:

　　该死的乌鸦，你有什么了不起？

　　这点儿事没什么了不起的，不要大惊小怪了。

谁……谁……

　　两个 "谁" (who) 前后照应，指相同的人。例如:

　　谁碰上你，谁就要倒霉。

　　谁先到谁负责买票。

忍不住

　　不能忍受；禁不住 (unable to bear; cannot help doing sth.)。例如:

　　乌鸦听了狐狸的话，非常气愤，再也忍不住了。

　　看了他的精彩表演，大家忍不住热烈鼓起掌来。

　　她忍不住哭了起来。

* "忍不住" 的肯定说法是 "忍得住"。类似的用法还有:

　　看得见——看不见，感觉得到——感觉不到，等等。

练　习

一　熟读课文，回答问题。

　　1. 狐狸向乌鸦问好，乌鸦为什么不作声？
　　2. 狐狸为什么说乌鸦的嗓子好？
　　3. 狐狸用什么方法得到了乌鸦嘴里的肉？
　　4. 这个故事告诉了我们什么？

二 读一读，说说每组字的字形和读音有什么不同。

乌——鸟　　鸦——鸡　　鸟——岛
狐——狼　　狸——理　　恨——很

三 选择合适的词语填空。

忽然　　突然

1. 狐狸转了转眼珠子，_____ 想出一个主意。
2. 这件事发生得很_____。
3. 我们刚刚出门，天_____下起雨来。
4. 这是一个_____的变化。

四 用"才"完成下列句子。

1. 我告诉他下午四点来我家，_____。
2. 哥哥喜欢睡懒觉，我们都吃完早饭了，他_____。
3. 你们都去旅行，让我一个人留在家里，我_____。

五 读一读，说说每组的两个句子在语气上有什么不同。

1. {
我不会上你的当。
我才不会上你的当呢！
}

2. {
你有什么了不起？
你没有什么了不起。
}

　　狼掉进陷阱里，怎么爬也爬不上来。老山羊从这里路过，狼连忙招呼说："喂，老山羊，过来帮帮忙吧！"

　　老山羊问："你是谁？怎么掉到陷阱里去了？"

　　狼装出一副又老实又可怜的模样，说："你不认识我吗？我是一只狗，为了救一只小鸡，我跳下了陷阱，没想到再也爬不出去了！"

　　老山羊看了狼几眼，说："你不像狗，倒很像狼！"

　　狼连忙半闭着眼睛，说："我是狼狗，所以有点儿像狼。我的性情很温和，跟羊特别亲。你只要伸下一条腿，就能把我救上来了。"

　　"别再花言巧语了，"老山羊说，"你骗不了我，狗都是老老实实的，不像你这样狡猾。"

　　狼着急了，赶忙说："请你相信，我的的确确是狗。不信，你看我还会摇尾巴呢。"

　　狼把尾巴使劲摇了几下，"扑扑扑"，把陷阱里的尘土都扬了起来。

　　老山羊完全明白了，就说："你再会摇尾巴，也还

图·森　林

是凶恶的狼。你干尽了坏事，谁也不会来救你的。"

狼终于露出了凶相，咧开嘴，龇着牙，对老山羊恶狠狠地叫道："你这该死的老东西！如果不快点儿过来救我，我就吃掉你！"

老山羊轻蔑地看了狼一眼，说："你活不了多久了，猎人很快就会来收拾你的。"说完就走开了。

<table>
<tr><td>wèi
喂</td><td>lián
怜</td><td>wēn
温</td><td>jiǎo
狡</td><td>huá
猾</td><td>xiōng
凶</td><td>è
恶</td><td>hěn
狠</td><td>miè
蔑</td></tr>
</table>

生 词 NEW WORDS

摇尾巴	yáo wěi·ba	wag the tail; ingratiate oneself with
陷阱	xiàn jǐng	pitfall; trap
山羊	shān yáng	goat
喂	wèi	hello; hey
过来	guò lái	come over
可怜	kě lián	pitiful
认识	rèn·shi	know
狼狗	láng gǒu	wolfhound
性情	xìng qíng	disposition

温和	wēn hé	gentle
狡猾	jiǎo huá	sly; crafty
赶忙	gǎn máng	promptly
相信	xiāng xìn	believe
凶恶	xiōng 'è	fierce
凶相	xiōng xiàng	fierce look
咧嘴	liě zuǐ	grin
龇牙	cī yá	grin
轻蔑	qīng miè	scornfully
猎人	liè rén	hunter

词 语 例 解

连忙　副词

表示很快 (promptly; at once)。例如:

老山羊从这里路过，狼连忙招呼说……

大卫让客人坐下，连忙去给客人倒茶。

老太太一进来，年轻人连忙让座儿。

＊"连忙"没有情况紧急、心里着急的意思；"连忙"不能重叠，没有"连连忙忙"的说法。"急忙"可以重叠成"急急忙忙"，表示仓促、忙乱的意思。例如:

他还没说完话就急急忙忙地走了。

倒　副词

1. 反而，反倒，表示跟一般情理相反 (but)。例如:

春天到了，天气倒比冬天还冷。

没吃药，这病倒好了。

2. 表示转折。相当于"却" (but)。例如:

你不像狗，倒很像狼。

房间不大，倒挺干净。

老实　形容词

听话，很诚实 (well-behaved; honest)。例如:

狼装出一副又老实又可怜的模样。

这个人很老实，不会说谎的。

"老实"可以重叠使用，形容非常老实 (extremely honest)。例如:

狗都是老老实实的，不像你这样狡猾。

那孩子老老实实的，从不说谎。

*汉语中很多形容词可以重叠成AABB形式，例如：暖和——暖暖和和，漂亮——漂漂亮亮，高兴——高高兴兴，快乐——快快乐乐。

花言巧语

成语。指虚假而动听的话，用来讨好或欺骗人(sweet words)。例如：

"别再花言巧语了，"老山羊说，"你骗不了我。"

他用花言巧语欺骗了我们。

恶狼狼　形容词

形容非常凶狠(fierce; fiercely)。例如：

（狼）对老山羊恶狼狼地叫道。

老太婆恶狼狼地瞪了他一眼。

*"恶狼狼"是形容词ABB的重叠形式，类似的如：亮晶晶，热乎乎，冷冰冰，暖洋洋，等等。

练　习

一　读读记记，记住下列词语。

可——可怜，可恨，可爱
认——认识，认真，认为
温——温和，温暖，温度
凶——凶恶，凶相，凶狠

二　仿照例子，加上合适的词语。

（狡猾的）狐狸　　　　　恶狼狼地（叫道）

（　　　）山羊　　　　轻蔑地（　　　）
（　　　）乌鸦　　　　温和地（　　　）
（　　　）狼　　　　　狡猾地（　　　）

三　选择合适的词语填空。

连忙　　　急忙

1. 家里来了客人，妈妈_____去倒茶。

2. 听说弟弟病了，妈妈_____跑回家去。

3. 老奶奶一上车，乘客都_____给她让座儿。

4. 爸爸发现路上有一只小猫儿，_____把车停住。

四　用"倒"完成下列句子。

1. 妹妹比姐姐小两岁，_____。

2. 北京的夏天应该比南京凉快，_____。

3. 这个城市不大，_____。

五　一个同学扮演老山羊，一个同学扮演狼，根据课文内容表演一下，看谁演得好。

3　成语故事二则

狐假虎威

在茂密的森林里，有一只老虎正在寻找食物。一只狐狸从老虎身边跑过。老虎扑过去，把狐狸抓住了。

狡猾的狐狸眼珠子一转，扯着嗓子对老虎说："哼，你敢吃我？天帝派我来当兽王，你要是吃了我，天帝不会放过你的！"

老虎看着又瘦又小的狐狸，不大相信，但是听它这么大的口气，又不敢不信。

狐狸看着老虎犹豫不决的样子，冷笑一声，说："你以为我是骗你吗？你要是不信，就跟我到森林里走一走，动物们一见到我就会吓跑的！"

于是，狐狸和老虎，一前一后，朝森林深处走去。狐狸神气活现，摇头摆尾；老虎半信半疑，东张西望。森林里的动物，

一看见狐狸后头跟着老虎，吓得赶紧就跑。老虎见了，还以为它们真是害怕狐狸呢！　后来，人们就用"狐假虎威"这个成语比喻倚仗别人的势力来欺压人。

叶公好龙

叶公非常喜欢龙。他的衣服上绣着龙，帽子上镶着龙，房

间的墙上画着龙，柱子上刻着龙。

天上的真龙听说叶公喜欢龙，就下来找他。龙的头刚伸进窗口，尾巴已经甩到了大厅里。叶公一见，吓坏了，掉头就往外跑。原来，他喜欢的并不是真的龙。

有人嘴上说喜欢某种事情，实际上并不真是这样，事情真的来了还感到害怕。后来，人们就用"叶公好龙"这个成语来形容这种人。

mào	shòu	yóu	yù	qī	xiù	shuǎi	mǒu
茂	瘦	犹	豫	欺	绣	甩	某

生 词 NEW WORDS

成语	chéng yǔ	idiom
则	zé	a measure word
狐假虎威	hú jiǎ	the fox borrows
	hǔ wēi	the tiger's terror
茂密	mào mì	dense; thick
寻找	xún zhǎo	look for; find
扑	pū	pounce on
扯	chě	pull
哼	hēng	humph; h'm
天帝	tiān dì	God
兽王	shòu wáng	the king of beasts
瘦	shòu	thin
口气	kǒu qì	manner of speaking

犹豫不决	yóu yù bù jué	hesitate
冷笑	lěng xiào	laugh grimly
以为	yǐ wéi	think; believe
害怕	hài pà	be afraid
倚仗	yǐ zhàng	rely on
势力	shì·li	force; power
欺压	qī yā	bully and oppress
绣	xiù	embroider
镶	xiāng	inlay
刻	kè	carve; cut
甩	shuǎi	swing
掉头	diào tóu	turn round
实际	shí jì	actually
形容	xíng róng	describe

词 语 例 解

神气活现

成语。形容十分得意傲慢的样子 (very cocky)。例如：

狐狸神气活现，摇头摆尾。

你不过偶尔得了个第一，不要那样神气活现的。

看见他那神气活现的样子，我就受不了。

半信半疑

成语。有点儿相信又不完全相信 (half-believing)。例如：

老虎半信半疑，东张西望。

这消息谁听了都半信半疑的。

爸爸听说我考了个第一，见了我半信半疑地问个没完。

东张西望

成语。向四处张望 (gaze around)。例如：

老虎半信半疑，东张西望。

妈妈说："开车要集中注意力，不要东张西望。"

那个小孩跟妈妈来到市场，一边走，一边不停地东张西望。

并　副词

加强否定语气，放在"不、没（有）"等否定词前边。例如：

原来，他喜欢的并不是真的龙。

计划定得很好，可是并没有实行。

你说的这件事，他并没有告诉我。

某　代词

指不确定的人或事物 (certain; some)。也可以说"某某"。例如：

有人嘴上说喜欢某种事情，实际上并不真是这样。

这件事不是某一个人的事，而是大家的事。

讲故事的时候，要讲清楚某某人，在某时、某地做了某某事。

练　习

一　辨形，注音，组词。

$$\begin{cases} 成（\quad）\underline{\qquad} \\ 城（\quad）\underline{\qquad} \end{cases}$$
$$\begin{cases} 茂（\quad）\underline{\qquad} \\ 劳（\quad）\underline{\qquad} \end{cases}$$

$$\begin{cases} 我（\quad）\underline{\qquad} \\ 找（\quad）\underline{\qquad} \end{cases}$$
$$\begin{cases} 喻（\quad）\underline{\qquad} \\ 愉（\quad）\underline{\qquad} \end{cases}$$

$$\begin{cases} 密（\quad）\underline{\qquad} \\ 蜜（\quad）\underline{\qquad} \end{cases}$$
$$\begin{cases} 用（\quad）\underline{\qquad} \\ 甩（\quad）\underline{\qquad} \end{cases}$$

二　画线，找出这些成语的正确解释。

狐假虎威　　　　不完全相信。

神气活现　　　　向四处张望。

半信半疑　　　　比喻依靠别人的势力来欺压人。

叶公好龙　　　　形容十分得意傲慢。

东张西望　　　　嘴上说喜欢某种事情，事情真的来了却害怕。

三　把"并"放在句中适当的地方。

1.有人嘴上说喜欢某种事情，实际上不真是这样。

2.森林的动物害怕的不是狐狸。

3. 人们都说那个电影好，我觉得不怎么好。

4. 他讲了许多中国的情况，但他没有去过中国。

四 讲一讲"狐假虎威"和"叶公好龙"这两个成语故事，说一说它们的含义。

五 试着将下边的句子译成英语。

1. 在茂密的森林里，有一只老虎正在寻找食物。

2. 狐狸和老虎，一前一后，朝森林深处走去。

3. 森林里的动物，一看见狐狸后头跟着老虎，吓得赶紧就跑。

4. 叶公非常喜欢龙。

5. 原来，他喜欢的并不是真的龙。

4 义 犬

有个商人要乘船过江，看见船夫绑了一只狗，正准备宰杀。他看见那只狗好像在流泪，样子很可怜，便出高价买下来，带着上了船。

船夫发现商人的箱子很重，心想里面一定有不少银子。船到江心时，他便拿起一把刀，要杀死商人。商人说："求求你，不要用刀杀我，就把我推下水去淹死吧。"船夫就把商人装在麻袋里，用绳子扎紧袋口，扔到了江中。

狗看到商人被扔到江里，也跟着跳了下去。它用嘴咬住麻袋，在江中漂浮。漂到江水浅的地方，狗拼命将麻袋拖到岸边，咬开绳子，救出了商人。

商人慢慢苏醒过来。他准备回到码头去找船夫算账，却发现那只狗不见了，非常伤心。

商人自己来到码头，找了很久也没找到那个船夫。正要离开时，忽然听到一阵狗叫。只见那只狗跳上一条船，咬住一个

人死也不放。那个人正是商人要找的船夫。原来船夫不但换了衣服，连船也换了，要不是那只狗，商人很难认出他来。

　　商人抓住了船夫，要回被抢去的东西，带上那只狗回家去了。

yì　quǎn　bǎng　zǎi　lèi　yān　zā　zhàng

义　犬　绑　宰　泪　淹　扎　账

生　词　NEW WORDS

义犬	yì quǎn	loyal dog	拿起	ná qǐ	take up
乘船	chéng chuán	by boat	淹	yān	drown
船夫	chuán fū	boatman	麻袋	má dài	sack; gunny-bag
绑	bǎng	bind; tie	扎	zā	tie; bind
宰杀	zǎi shā	kill; slaughter; butcher	漂浮	piāo fú	float
			苏醒	sū xǐng	come to oneself; regain consciousness
流泪	liú lèi	shed tears			
高价	gāo jià	high price	码头	mǎ·tou	wharf
银子	yín·zi	silver	很久	hěn jiǔ	very long time
江心	jiāng xīn	centre of a river			

词 语 例 解

正　副词

1. 表示动作正在进行或持续 (be doing sth.)。例如：

　　船夫绑了一只狗，正准备宰杀。

　　他正忙着呢！

　　正走着，忽然听到后边有人叫我。

2. 恰好，刚好 (just; right)。例如：

　　正要离开时，忽然听到一阵狗叫。

　　那个人正是商人要找的船夫。

　　时间不早不晚，正合适。

便　副词

1. 表示承接上文 (then; thereupon)。例如：

　　他看见那只狗样子很可怜，便出高价买下来。

2. 表示两件事紧接着发生 (as soon as)。例如：

　　船到江心时，他便拿起一把刀，要杀死商人。

　　送他上了火车，我便回来了。

　　他放下书包便打开冰箱找吃的。

＊"便"的意义和用法跟副词"就"大致相同。"便"多用于书面语。

算账

1. 计算账目 (do accounts)。例如：

　　会计正在算账。

　　饭馆的老板到月底一算账，没赚多少钱。

2. 吃亏或失败后和人较量 (settle accounts with sb.)。例如：

　　他准备回到码头去找船夫算账。

这盘棋算你赢了，明天再找你算账。

原来 副词

1. 起初，过去 (formerly; originally)。例如：

他家原来住在纽约，去年搬到旧金山去了。

这个地区的交通原来很不方便，现在修起了高速公路。

2. 发现真实情况，有突然明白的意思 (so that's how it is)。例如：

原来船夫不但换了衣服，连船也换了。

这屋里怎么这么热，原来没开空调。

连 介词

1. 包括，算上 (including)。例如：

这次连我一共十个人。

连今天一共五天。

2. 表示强调。多用"连……也（都）……"格式 (even)。例如：

船夫不但换了衣服，连船也换了。

他连饭也没吃就去了。

这道题连一年级的学生都会做。

练　习

一　熟读课文，回答问题。

1. 商人为什么救那只狗？
2. 在船上发生了什么事情？
3. 那只狗怎样救了商人？
4. 商人怎样找到了船夫？是怎样跟他算账的？

二 读一读，再组成一两个词语。

商（商人）——　　　　船（船夫）——

宰（宰杀）——　　　　泪（流泪）——

江（江心）——　　　　淹（淹死）——

苏（苏醒）——　　　　算（算账）——

三 辨析每组句子中加线词语的意思。

1. { 商店关门以后，老板<u>算账</u>一直算到深夜。
　　你弄坏了我的自行车，我还没找你<u>算账</u>呢！

2. { 参加郊游的<u>连</u>老师一共20人。
　　他看起电视来<u>连</u>饭都忘了吃。

四 用"就"完成句子。

1. 我吃完早饭 ＿＿＿＿＿＿＿＿。

2. 我们俩是老朋友，三年以前 ＿＿＿＿＿＿＿＿。

3. 你如果不喜欢喝咖啡，＿＿＿＿＿＿＿＿。

4. 他看见小弟弟哭了，＿＿＿＿＿＿＿＿＿。

五 用"原来"改写下列句子。

1. 他过去住在上海，现在住在北京。

2. 以前这儿没有中餐馆，现在有好几家。

3. 我夜里睡觉觉得冷，早上醒来才发现忘了关窗户。

4. 我打了几次电话都没人接，后来才知道你去了中国。

5 熊告诉你什么

一天，天气非常晴朗。有两个青年迎着微风，朝着美丽的山野走去。他俩边走边看，不知不觉走进了深山。他们走到一棵大树下，发现了一块青石板，觉得有些累，就决定躺在石板上歇歇。

原来，他俩是好朋友，一个叫陈方，一个叫石光。他们从小就在一起玩，整天形影不离，别人都以为他们是亲哥俩。现在，他俩自由自在地躺在石板上，越聊越兴奋，并发誓永远互相帮助，共同干出一番事业来。

太阳渐渐落山了，天慢慢地黑了下来。这时，忽然听到有响动，他们赶紧坐起来一看，一只大熊过来了。石光猛地站了起来，丢下陈方，转身就爬上了旁边的大树。陈方不会上树，但他知道熊不吃死人。他就装死，直挺挺地躺在石板上，一口气也不敢出。熊走过来，嗅嗅陈方的鼻子，又拱一拱陈方的耳朵，见没有动静，以为是个死人，就慢慢走开了。

石光见熊走远了，就从树上爬了下来。他走到陈方跟前，不

好意思地问：“陈方，熊刚才跟你说什么了？”陈方想了想，说：“它告诉我，'只有在最危险的时刻，才能看出谁是生死与共的真朋友。'”

生 词 NEW WORDS

晴朗	qíng lǎng	fine; sunny	帮助	bāng zhù	help
青年	qīng nián	young man	共同	gòng tóng	common ; together
迎着	yíng·zhe	toward; facing	番	fān	a measure word
微风	wēi fēng	gentle breeze	事业	shì yè	cause
山野	shān yě	mountain	响动	xiǎng·dong	sound
深山	shēn shān	remote mountains	猛地	měng·de	suddenly
石板	shí bǎn	flagstone	转身	zhuǎn shēn	turn round
歇	xiē	have a rest	直挺挺	zhí tǐng tǐng	straight; stiff
整天	zhěng tiān	the whole day	嗅	xiù	smell
自由自在	zì yóu zì zài	free and unrestrained	拱	gǒng	push with the snout
聊	liáo	chat	动静	dòng·jing	movement; activity
发誓	fā shì	vow; pledge	时刻	shí kè	time; moment

词语例解

不知不觉

成语。不经意，无意之间 (unconsciously)。例如:

他俩边走边看，不知不觉走进了深山。

我昨天看小说，不知不觉看到了深夜。

听到这个消息，他手中的笔不知不觉就停了下来。

形影不离

成语。形容关系亲密 (inseparable as body and shadow)。例如:

他们从小就在一起玩，整天形影不离。

他们俩是形影不离的好朋友。

渐渐 副词

表示程度或数量的逐步增加或减少,有"慢慢"的意思(gradually)。

例如:

太阳渐渐落山了。

天气渐渐暖和起来。

晚上十点钟以后，马路上的车辆行人渐渐少了。

＊"慢慢"是形容词，表示动作行为慢，多用于口语。"渐渐"是副词，不能用来说明人的各种具体动作，如"说、听、吃、喝、走"等，多用于书面语。

只有 副词 连词

表示唯一的条件，非此不可 (only)。例如:

只有在最危险的时刻，才能看出谁是生死与共的真朋友。

只有他妈妈才最了解他的脾气。

只有亲自去请他，他才肯来。

成语。生死都在一起。比喻有很深的友谊(a common destiny)。例如：

只有在最危险的时刻，才能看出谁是生死与共的真朋友。

他们俩是生死与共的好朋友。

他们发誓要生死与共，永不分开。

练 习

一 读读记记，了解词语的用法。

歇——歇歇——歇一歇——歇歇脚

聊——聊聊——聊一聊——聊聊天

嗅——嗅嗅——嗅一嗅——嗅嗅味

拱——拱拱——拱一拱——拱拱耳朵

二 把下列可以搭配的词语用线连起来。

　　　　　　　亮了

慢慢　　　　　冷起来

　　　　　　　吃

渐渐　　　　　走远了

　　　　　　　走

三 用"才"完成句子。

1.只有在最困难的时候，_____ 。

2.你只有学好中文，_____ 。

3.这场足球比赛只有你参加 _____。

四 用下列成语造句。

不知不觉 ——

形影不离 ——

生死与共 ——

五 背诵课文:从"太阳渐渐落山了"到"才能看出谁是生死与共的真朋友"。

6 盘古开天辟地

很早很早以前，天和地还没有分开，宇宙只是混沌一片。人类的老祖宗盘古，是一个巨人，就生长在这混沌之中，一直经过了十万八千年。

有一天，盘古忽然醒了过来。睁开眼睛一看，模糊一片，什么都看不见。他非常生气，抓过一把斧子，朝眼前用力一挥。只听一声巨响，混沌一片的东西忽然分开了。一些轻而清的东西，缓缓上升，变成了天；重而浊的东西，慢慢下降，变成了地。天和地就这样被创造了出来。

天地分开以后，盘古怕它们还要合在一起，就头顶天，脚踩地，随着它们的变化而变化。天每天升高一丈，地每天下沉一丈，盘古也随着增长变化。这样不知过了多少年，天和地逐渐成形了，盘古也累得倒了下去。

盘古死后，他呼出的气息变成了风和云，发出的声音变成了雷，双眼变成了太阳和月亮，手足和身躯变成了大地的四极和高山，血液变成江河，筋骨变成道路，肌肉变成田地，头发变成星星，浑身的汗毛变成花草树木，就连身上的汗，也变成了雨露和甘霖。

人类的老祖宗盘古，用他整个的身体创造了这美丽而丰富的宇宙。

pì	zhòu	zōng	hú	zhuó	qū	yè	jī
辟	宙	宗	糊	浊	躯	液	肌

生 词 NEW WORDS

盘古	Pán Gǔ	a legendary figure
开天辟地	kāi tiān pì dì	create the world
分开	fēn kāi	separate
宇宙	yǔ zhòu	universe; cosmos
混沌	hùn dùn	Chaos
人类	rén lèi	mankind; humanity
祖宗	zǔ·zong	ancestor; forebears
模糊	mó·hu	vague; indistinct
斧子	fǔ·zi	axe; hatchet
上升	shàng shēng	rise; go up
浊	zhuó	turbid; muddy
下降	xià jiàng	descend; go down
增长	zēng zhǎng	increase; grow

逐渐	zhú jiàn	gradually
成形	chéng xíng	take shape
气息	qì xī	breath
身躯	shēn qū	body; stature
四极	sì jí	the "four ends"
血液	xuè yè	blood
江河	jiāng hé	river
筋骨	jīn gǔ	muscles and bones
肌肉	jī ròu	muscle
浑身	hún shēn	from head to foot
汗毛	hàn máo	fine hair on the human body
雨露	yǔ lù	rain and dew
甘霖	gān lín	timely rainfall

词 语 例 解

经过

1. 动词，介词。通过某一处所、时间或动作 (pass; as a result of)。

   例如：

   一直经过了十万八千年。

   从北京到广州要经过武汉。

   经过治疗，他的病情有了明显的好转。

2. 名词。过程，经历 (process; course)。例如：

   这就是事情的全部经过。

   请你说说这次旅游的经过。

过来   动词

1. 向着自己的方向走 (come over; come up)。例如：

   快过来，车已经到了！

   别过来，这地方危险！

2. 做补语，表示时间、数量、能力足够 (can manage)。例如：

   今天活儿不多，我干得过来。

   最近事儿太多了，我忙不过来。

3. 做补语，表示回到正常状态。例如：

   有一天，盘古忽然醒过来了。

   我们一口气爬到山顶，累得都有点儿喘不过气来了。

什么   代词

1. 表示疑问。可以单用，问事物；也可以用在名词的前边，问事

   物或人 (what; who)。例如：

   那是什么？

   那是什么颜色？

   他是什么人？

2. 表示不确定的事物。例如：

　　前边好像出了什么事儿。

　　我喜欢画画儿，总是想画点儿什么。

3. 用在"也""都"的前面，表示没有例外。例如：

　　眼前模糊一片，什么都看不见。

　　睡觉以前，最好什么都别想。

　　他只是过来看看，什么也没说。

变成　动词

改变或变化为其他的东西(become; change into)。例如：

　　轻而清的东西，变成了天；重而浊的东西，变成了地。

　　经过改造，沙漠也可以变成良田。

多少　代词

1. 问数量(how many; how much) 例如：

　　这筐苹果大约有多少斤？

　　从北京到纽约大约要多少时间？

2. 表示不定数量(so much; as much as)。

　　这样不知过了多少年，天和地逐渐成形了。

　　你知道多少说多少，不要着急。

　　有多少力就出多少力。

练　　习

一　熟读课文，回答问题。

1. 在中国古代的神话传说中，是谁创造了宇宙？
2. 盘古用什么分开了天和地？
3. 天和地分别是什么样的东西？
4. 天和地逐渐成形后，盘古怎样了？

5. 宇宙中的万物都是由什么变化而成的？

二 写出带下列部首的字，看谁写得多。

宀 —— 宇、宙   氵 —— 清、浊
目 —— 睁、眼   米 —— 糊、粉
辶 —— 逐、连   月 —— 肌、朋

三 识记下列词语，并用加线的词语造句。

分开   宇宙   人类   模糊   逐渐
成形   身躯   血液   肌肉   浑身

分开 ——

模糊 ——

逐渐 ——

四 辨析每组句子中加线词语的意思。

1. { 经过北京时，别忘了去看看那里的朋友。
     请你把这次事件的经过写下来。

2. { 小心来往的车辆，不要着急过来。
     他真固执，劝都劝不过来。

3. { 你手里拿的是什么东西？
     不管什么难题，一到他那儿准能解决。

五 世界上创造宇宙的传说很多，你都知道哪些呢？把你最喜欢的讲给同学们听一听。

7　女娲补天

　　自从女娲创造了人类，大地上到处是欢歌笑语，人们一直过着快乐幸福的生活。不知过了多少年，一天夜里，女娲突然被一阵"轰隆隆"的巨大的响声震醒了。她急忙起床，跑到外面一看，天哪，太可怕了！远远的天空塌下一大块，露出一个黑黑的大窟窿。地也被震裂了，出现了一道道深沟。山冈上燃烧着熊熊大火，许多人被火围困在山顶上。田野里到处是洪水，许多人在水里挣扎。

　　看到这些，女娲难过极了。她立刻去找雨神，求他下一场雨，把天火熄灭。又造了许多小船，救出挣扎在洪水中的人们。

　　不久，天火熄灭了，洪水中的人们被救上来了。可是，天上的大窟窿还在冒火。女娲决定冒着生命危险，把天补上。于是，她跑到山上，寻找补天用的五彩石。她原以为这种石头很多，用不着费多大力气。可是，到山上一看，全是一些零零星星的小块。她忙了几天几夜，找到了

红、黄、蓝、白四种颜色的石头，还缺少一种纯青石。于是，她
又找啊找啊，终于在一眼清清的泉水中找到了。

五彩石找齐了。女娲先在地上挖个圆坑，把五彩石放在里
面，用神火进行冶炼。炼了五天五夜，五彩石化成了很稠的液
体。女娲把它装在一个大盆里，端到天边，对准那个大黑窟窿，
往上一泼，只见金光四射，大窟窿立刻补好了。

现在，人们常常看见天边五彩的云霞，传说那就是女娲补
天的地方。

zhèn	mào	líng	quán	kēng	xiá
震	冒	零	泉	坑	霞

生 词 NEW WORDS

女娲	Nǚ Wā	maiden in the legend	围困	wéi kùn	besiege; pin down
大地	dà dì	the earth	挣扎	zhēng zhá	struggle
到处	dào chù	everywhere	熄灭	xī miè	go out; die out
欢歌笑语	huān gē xiào yǔ	merry songs and happy words	零零星星	líng líng xīng xīng	fragmentary
震	zhèn	shake; quake	缺少	quē shǎo	lack; be short of
可怕	kě pà	frightful; fearful	泉水	quán shuǐ	spring water
窟窿	kū·long	hole	坑	kēng	hole; pit
裂	liè	crack; split open	冶炼	yě liàn	smelt
燃烧	rán shāo	burn	液体	yè tǐ	liquid
熊熊大火	xióng xióng dà huǒ	blazing fire; raging flames	盆	pén	basin; tub
			云霞	yún xiá	rosy clouds

词 语 例 解

自从　介词

表示从过去的某个时间开始 (since)。例如:

自从女娲创造了人类，大地上到处是欢歌笑语。

自从去年圣诞节以后，我们再也没有收到他的信。

自从来到北京，我已经去过两次长城。

一直　副词

1. 表示顺着一个方向不变 (straight)。例如:

一直往南走，过了红绿灯就是银行。

沿着小河一直往前走，有一座小桥。

2. 表示动作持续不断或状态持续不变 (always)。例如:

人们一直过着快乐幸福的生活。

雨一直下个不停。

从那以后，我们一直没见过面。

冒着　动词

表示不顾危险或恶劣的环境等去做某事 (risk; brave)。例如:

女娲决定冒着生命危险，把天补上。

战士们冒着狂风暴雨去抢修铁路。

于是　连词

表示前后承接 (thereupon; as a result)。例如:

女娲决定把天补上。于是，她跑去寻找补天用的五彩石。

大家这么一鼓励，于是我又恢复了信心。

参考大家提出的意见，我于是又把文章修改了一遍。

终于　副词

表示经过较长过程后出现某种结果。多用于希望达到的结果(at last; finally)。例如：

她找啊找啊，终于在一眼清清的泉水中找到了。

经过反复试验，我们终于成功了。

由于长期坚持体育锻炼，他的身体终于强壮起来了。

练　习

一　辨形，注音，组词。

补（　　）＿＿＿　　　烈（　　）＿＿＿
扑（　　）＿＿＿　　　裂（　　）＿＿＿

息（　　）＿＿＿　　　夜（　　）＿＿＿
熄（　　）＿＿＿　　　液（　　）＿＿＿

二　选择合适的词语填空。

从　　自从

1. ＿＿＿＿ 去年八月以来，我没去过北京。

2. ＿＿＿＿ 明年开始，我打算学习书法。

3. ＿＿＿＿ 去过香港以后，我常常给那里的亲友写信。

4. ＿＿＿＿ 北京到纽约坐飞机要多长时间？

三　把"一直"放在句中适当的地方。

1. 过了这座小桥，往前走就是我家。

2. 昨天晚上我等你等到十一点。

3. 自从上小学开始，我就学习中文。

四 用括号中的词语完成句子。

1. 他们都劝我去看电影，_____。（于是）

2. 为了买这本书我跑了好几个书店，_____。（终于）

3. 为了抢修这条铁路，工人们_____。（冒着）

五 阅读下边《嫦(cháng)娥(é)奔月》的传说，试着讲给同学们听。

　　相传在很久以前，天上有十个太阳，发出强烈的光，烤焦(jiāo)了大地，煮(zhǔ)沸(fèi)了海水。嫦娥的丈夫羿(yì)，用箭射下了九个太阳，挽(wǎn)救了人类。为了感谢他，天帝就送给他一包仙药，吃了可以升天。年轻美丽的嫦娥，感到非常好奇，就偷偷吃了仙药，结果就飞到了月亮上，成了月中的玉兔。现在，每当人们看到月亮，就会想起嫦娥奔月的故事。

8 牛郎织女

古时候有个青年叫牛郎，父母都死了，跟着哥哥嫂嫂过日子。他们对牛郎很不好，让他吃剩饭，穿破衣服。后来，他们又和牛郎分了家，只给牛郎一头老牛。牛郎只好和老牛一起住在山下的一个小屋里。

那头老牛不但干活儿勤勤恳恳，而且对牛郎很亲热。牛郎对它照顾得也很周到，让它吃嫩草，喝干净的水。

有一天晚上，老牛忽然对他说："朋友，明天天上的仙女们要来湖里洗澡，她们的衣服放在草地上。你把那件红色的衣服拿起来，那位仙女来向你要衣服的时候，你就要她做你的妻子。"原来，这头老牛是条神牛。

第二天，牛郎照神牛的话去做了。果然有一个名叫织女的仙女来要衣服，牛郎要她答应做他的妻子。织女看到这个青年很老实，也很可爱，就答应了他的要求，决定留在人间。他们结了婚，一个种田，一个织布。不久，他们又有了一个男孩儿，一个女孩儿。一家人生活得很幸福。

王母娘娘知道了这件事，非常气愤，就派天兵天将来到人间，把织女抓走了。

牛郎从地里回来，听说自己的妻子被抓回天上去了，非常着急。他决心要把织女找回来，就用竹筐挑了两个孩子，骑着神牛去追。追呀追呀，眼看要追上了，王母娘娘忽然用手一划，牛郎面前立刻

出现了一条河。这就是银河。河很宽，浪很大，牛郎怎么也过不去。

从此以后，牛郎和织女就分别留在银河的两边，变成了牛郎星和织女星。传说，王母娘娘只让牛郎织女每年农历七月初七晚上见一次面。到了那天，成群结队的喜鹊(què)都飞到银河上去搭桥，让他们在鹊(què)桥上见面。

láng	zhī	sǎo	zǎo	qī
郎	织	嫂	澡	妻

生 词 NEW WORDS

牛郎	niú láng	the cowherd in the legend
织女	zhī nǚ	the girl weaver in the legend
嫂嫂	sǎo·sao	elder brother's wife
过日子	guò rì·zi	live
剩饭	shèng fàn	leftovers
分家	fēn jiā	break up the family and live apart
干活儿	gàn huór	work
勤勤恳恳	qín qín kěn kěn	diligently and assiduously
亲热	qīn rè	affectionate
周到	zhōu dào	thoughtful; considerate

仙女	xiān nǚ	fairy maiden
洗澡	xǐ zǎo	bathe; take a bath
草地	cǎo dì	meadow; grassland
妻子	qī·zi	wife
种田	zhòng tián	till the land
织布	zhī bù	weave cotton cloth
天兵天将	tiān bīng tiān jiàng	troops from Heaven; army of Gods
竹筐	zhú kuāng	bamboo basket
银河	yín hé	the Milky Way
成群结队	chéng qún jié duì	in crowds
搭桥	dā qiáo	build a bridge
鹊桥	què qiáo	magpies' bridge

词 语 例 解

只好 副词

不得不(have to)，表示没有别的选择。例如：

牛郎只好和老牛一起住在山下的一个小屋里。

今天下大雨，旅游计划只好取消。

小孩子走不快，咱们只好慢点儿。

照顾 动词

特别注意，关心和优待(give consideration to; take care of)。例如：

牛郎对老牛照顾得也很周到。

老奶奶年纪大了，需要有人照顾。

你们都走了，谁来照顾小弟弟？

果然 副词

表示事实与所说或所料相符(really; as expected)。例如：

牛郎照神牛的话去做了，果然有一个仙女来要衣服。

听说这部电影很好，看了之后觉得果然不错。

他说八点钟到，果然很准时。

眼看 副词

很快，马上(soon; in a moment)。例如：

眼看要追上了，牛郎面前却出现了一条河。

圣诞节眼看就要到了，快准备过节的礼物吧。

分别 副词

1. 分头，各自(separately)。例如：

从此以后，牛郎和织女就分别留在银河的两边。

总统分别接见了各国代表团。

各班的同学分别讨论了这个问题。

2. 表示采取不同方式 (separately; respectively)。例如：

　　这些问题需要分别进行研究。

　　对犯错误的学生，应该根据情节轻重分别处理。

练　习

一 读一读，记一记。

郎——牛郎　　　　织——织女

顾——照顾　　　　嫂——嫂嫂

河——银河　　　　周——周到

澡——洗澡　　　　妻——妻子

愤——气愤　　　　鹊——鹊桥

二 在横线上填上适当的词语。

1. 他们 ＿＿＿ 牛郎很不好。

2. 牛郎对它照顾得也很 ＿＿＿。

3. 牛郎照神牛的话去做了，＿＿＿ 有一个仙女来要衣服。

4. 从此以后，牛郎和织女就 ＿＿＿ 留在银河的两边。

三 用括号里的词完成句子。

1. 最近天气不好，＿＿＿＿＿＿＿＿。（只好）

2. 他妈妈生病住院了，＿＿＿＿＿＿＿。（照顾）

3. 大家都说北海公园很漂亮，＿＿＿＿＿＿。（果然）

4. ＿＿＿＿＿＿，我们抓紧时间复习功课吧。（眼看）

四 把下边可以搭配的词语用线连起来。

过　　　家　　　　照顾　　　亲热
分　　　日子　　　待人　　　周到
搭　　　应　　　　生活　　　勤恳
答　　　桥　　　　干活　　　幸福

五 以牛郎或织女的身份讲述这个故事。

9 文成公主

　　唐朝时候，青藏高原上有个地方叫吐蕃，就是今天的西藏。吐蕃有个年轻的首领，叫松赞干布。他听说唐朝皇帝有个女儿，叫文成公主，非常漂亮，就派大臣到唐朝去求婚。

　　唐朝皇帝接见了吐蕃的使臣，想试一试他们的智慧。他叫人牵来一百匹母马和一百匹小马，让使臣认出哪一匹小马是哪一匹母马生的。使臣一点儿也不着急。他把小马和母马分开，分别拴在两个地方过夜。第二天早上，他把一匹母马放到小马群里，这匹母马生的小马一见妈妈来了，立刻就跑过来吃奶。这样一匹一匹地放，一匹一匹地认，很快就找出了每匹小马的妈妈。

松赞干布

　　接着又来了五百个姑娘。她们穿着一样的衣服，头上戴着一样的花。皇帝让使臣认出哪一个是文成公主。使臣看过每一个姑娘，发现有两只蜜蜂总是在一个姑娘的头上飞来飞去。他仔细一看，原来这个姑娘头上戴的是鲜花，其他姑娘戴的都是纸花。他断定这个戴鲜花的姑娘一定是文成公主。他猜得果然不错。

文成公主

41

皇帝见这些都难不住吐蕃的使臣，就答应了松赞干布的请求。

文成公主出发到吐蕃去了。她带去了各种粮食的种子，带去了牛羊和鸡鸭，还带去了许多工匠。

文成公主和她的随从们，跨过一条条大河，翻过一座座高山，走了一程又一程，终于来到了吐蕃。年轻的松赞干布在拉萨隆重地迎接了这位美丽的公主，和她结成了夫妻。

从此，西藏和内地的往来更加密切了。

chén	qiān	cāi	liáng	yā	qiè
臣	牵	猜	粮	鸭	切

生 词 NEW WORDS

公主	gōng zhǔ	princess	牵	qiān	lead along; pull
吐蕃	Tǔ fān	Tibetan regime in ancient China	过夜	guò yè	pass the night
			蜜蜂	mì fēng	honeybee
西藏	Xī zàng	Tibet	猜	cāi	guess
年轻	nián qīng	very young	粮食	liáng·shi	grain
首领	shǒu lǐng	chieftain; leader	种子	zhǒng·zi	seed
皇帝	huáng dì	emperor	鸭	yā	duck
女儿	nǚ ér	daughter	随从	suí cóng	retinue; suite
大臣	dà chén	minister	翻过	fān guò	get over; cross
求婚	qiú hūn	make an offer of marriage	拉萨	Lā sà	Lhasa (capital of Tibet)
接见	jiē jiàn	receive; grant an interview to	迎接	yíng jiē	meet; welcome
			密切	mì qiè	close; intimate
使臣	shǐ chén	emissary; envoy			

词 语 例 解

立刻　副词

马上 (immediately)。例如:

小马一见妈妈来了，立刻就跑过来吃奶。

请大家立刻到会议室去。

同学们听到这个好消息，立刻高兴得鼓起掌来。

总是　副词

表示持续不变 (always)。例如:

两只蜜蜂总是在一个姑娘的头上飞来飞去。

我一再劝他，他总是不听。

他一天到晚总是那么忙。

断定　动词

表示确定，下结论的意思 (conclude)。例如:

他断定这个戴鲜花的姑娘一定是文成公主。

根据他的长相，我断定他是欧洲人。

这件事情谁对谁错一时很难断定。

从此　连词

表示从这个时候起 (from this time on)。例如:

从此，西藏和内地的往来更加密切了。

去年三月他去了上海，从此我们没再见面。

我们一见如故，从此成了好朋友。

往来

1. 去和来 (come and go; to and fro)。例如：

　　大街上往来的车辆很多。

2. 接触，交往 (contact; dealings)。例如：

　　从此，西藏和内地的往来更加密切了。

　　他们俩往来十分密切。

　　我跟他没有什么往来。

＊"往来"也可以说成"来往"。

练　习

一　熟读课文，回答问题。

　　1. 藏王为什么派大臣到唐朝去求婚？

　　2. 西藏的使臣是怎样认出小马各自的妈妈的？

　　3. 西藏的使臣用什么办法认出了文成公主？

　　4. 文成公主去西藏的时候，带去了什么？

二　辨形，注音，组词。

$$\begin{cases} 使（\quad）\underline{\qquad} \\ 便（\quad）\underline{\qquad} \end{cases}$$
$$\begin{cases} 巨（\quad）\underline{\qquad} \\ 臣（\quad）\underline{\qquad} \end{cases}$$

$$\begin{cases} 蜂（\quad）\underline{\qquad} \\ 峰（\quad）\underline{\qquad} \end{cases}$$
$$\begin{cases} 猜（\quad）\underline{\qquad} \\ 清（\quad）\underline{\qquad} \end{cases}$$

$$\begin{cases} 牵（\quad）\underline{\qquad} \\ 索（\quad）\underline{\qquad} \end{cases}$$
$$\begin{cases} 鸭（\quad）\underline{\qquad} \\ 鸦（\quad）\underline{\qquad} \end{cases}$$

三 在括号中填上适当的量词。

一（　　）马　　　　　一（　　）羊

一（　　）牛　　　　　一（　　）鸭

一（　　）河　　　　　一（　　）山

一（　　）公主　　　　一（　　）蜜蜂

一（　　）鲜花

四 用括号中的词语改写句子。

1.你等一下儿，我马上就来。（立刻）

2.爸爸妈妈一天到晚都很忙。（总是）

3.从那个时候起，我再也没有见过他。（从此）

五 用下列词语造句。

断定 ——

隆重 ——

往来 ——

10　儿子不如石头

　　从前，有一对夫妇生了三个儿子。他们生活很苦，好不容易才把儿子抚养长大，又给他们娶了媳妇。两位老人年纪渐渐大了，不能劳动，又没有存下钱，儿子和儿媳妇对他们很不好。不久，老太太就气死了。

　　后来，老头儿想了一个主意。他把三个儿子叫到跟前，对他们说："我现在老了，说不定哪一天就要去见你们的妈妈。但是，有一件事，我一定要做，所以把你们找来商量商量。"儿子们问："什么事？"老人说："离这里很远的地方，有个商人。他曾经借了我很多钱，至今一直没有还。我要去找他，把钱要回来。"儿子们一听是去要钱，就高兴地说："我们给您路费，您快去吧！"

　　过了些日子，老人回来了。他雇了两头毛驴，一头自己骑着，一头驮着两只箱子。儿子们见到后，争先恐后去搬箱子。箱子很沉，搬不动。老人说："把箱子抬到我的床下，我死以前，

谁也不许动。"

从此以后，儿子、儿媳妇对老人的态度完全变了。为了讨老人的欢心，他们不仅给老人做好吃的，还常常搀着他到外边散散步、晒晒太阳。

几年以后，老头儿死了，儿子、儿媳妇都去抢床下的箱子。他们打开一看，箱子里根本没有钱，满满的都是石头，石头底下压着一张纸条，上边写着："儿子不如石头！"

qǔ	xí	gù	tuó	kǒng	tǎo	chān
娶	媳	雇	驮	恐	讨	搀

生 词 NEW WORDS

夫妇	fū fù	couple
娶	qǔ	marry (a woman)
媳妇	xí fù	wife
年纪	nián jì	age
存	cún	deposit
说不定	shuō·bu dìng	perhaps
路费	lù fèi	travelling expenses
雇	gù	hire
驮	tuó	carry on the back
沉	chén	heavy
态度	tài·du	manner; attitude
搀	chān	help by the arm
根本	gēn běn	(not) at all; simply

词语例解

好不容易

非常不容易 (with great difficulty)。例如:

他们好不容易才把儿子抚养长大。

我找了半天，好不容易才找到他。

*"好容易"和"好不容易"意思相同，都表示"很不容易"。

例如:

好容易才把儿子抚养长大＝好不容易才把儿子抚养长大。

好容易才找到他＝好不容易才找到他。

*汉语中有些形容词可以用在"好＋不＋形"格式中，表示肯定的意思。例如:

市场上好不热闹（好热闹，很热闹。）

她哭得好不伤心（好伤心，很伤心。）

曾经　副词

表示从前有过某种行为或情况 (once)。例如:

他曾经借了我很多钱，至今一直没有还。

我曾经跟他在一个学校上过学。

前几天曾经热过一阵，这几天又凉快了。

*"曾经"的否定形式是"没有……（过）"。例如:

他没有借过我很多钱。

我没有跟他在一个学校上过学。

至今　副词

直到现在，直到今天 (up to now; so far)。例如:

他至今一直没有还我钱。

他回到广州以后，至今还没有来信。

至今还不知道他叫什么名字。

争先恐后

成语。争着向前，唯恐落后 (strive to be the first and fear to lag behind)。例如：

儿子们见到后，争先恐后去搬箱子。

老师说周末要带我们去野餐，大家争先恐后报名参加。

同学们争先恐后地回答老师提出的问题。

讨……欢心

迎合，讨好 (ingratiate oneself with; win sb. ' s favor)。例如：

为了讨老人的欢心，他们天天给老人做好吃的。

那只小狗在脚下跑来跑去，讨主人的欢心。

练 习

一 熟读课文，回答问题。

1. 老太太是怎样死的?

2. 老头儿把三个儿子叫到跟前商量什么事?

3. 老头儿回来以后，儿子、媳妇对老人的态度为什么变了?

4. 为什么说"儿子不如石头"?

二 读读记记，了解词语的用法。

娶——娶媳妇——娶了个媳妇

嫁——嫁给他——嫁了个丈夫

三 给加线的词语选择合适的解释。

1. 北京的夜市<u>好不热闹</u>。（A 很热闹　B 不热闹）
2. 我<u>好不容易</u>才买到这本书。（A 很容易　B 不容易）
3. 我<u>好容易</u>借到录像带，录像机又坏了。（A 很容易 B 不容易）

四 把下列句子改成否定句。

1. 我曾经去过欧洲。
2. 他曾经到我这儿来过一次。
3. 上星期这里曾经发生过车祸。

五 阅读下边的短文，注意其中的生字和生词。

从前有一个人，非常小气。一天，他想喝酒，就叫他的仆(pú)人去买。仆人向他要买酒的钱，他说："有钱谁不能买，没钱能把酒买来，那才有本事呢！"仆人听了，什么话也没说，就出去了。一会儿，他拎(līn)着酒瓶回来了。那个人一看，酒壶里什么也没有，就生气地说："怎么没买回来？你让我喝什么？"仆人不慌不忙地说："咳(hài)，有酒谁不会喝，没有也能喝出酒来，那才叫有本事呢！"

11 北京烤鸭

外国人到北京旅游，往往有两个必不可少的项目，一是爬长城，一是吃烤鸭。人们常说："不到长城非好汉，不吃烤鸭真遗憾。"

北京烤鸭不但烤法特别，吃法特别，就连北京鸭本身，也跟别的鸭子大不相同。

北京鸭生长期短，只需六十天就可以长到三公斤重。前四十五天，小鸭子可以自由进食，最后十五天由人工喂养。饲养员用一种专门的机器把配制好的鸭食定量放到鸭肚子里，每六小时一次，昼夜不停，使鸭子按照规定的日期长成。

鸭子长成以后，宰杀去毛，取出内脏，洗净，涂上特别的涂料，晾干后就可以烤制了。先在鸭肚子里灌上清水，把口封住，然后把鸭子挂在铁钩上，吊在烤炉里。这样外烤内蒸，烤熟后当然是外焦里嫩。烤鸭用的燃料也有讲究，一般要用质量好的果木，这样烤出的鸭子带有果香味。烤好的鸭子，金黄油亮，皮薄而脆，肉嫩可口，味道鲜美。

烤鸭上桌前，先放出鸭子体内的水，然后把鸭肉片成均匀的薄片，要片片带皮，肥瘦相间。吃烤鸭时，蘸上面酱，配上葱段、黄瓜条，用荷叶饼卷起来。吃完鸭肉，服务员还会送上一碗美味的鸭汤。

一位外国客人吃完北京烤鸭，在留言簿上写道："不必用'好吃''可口'来形容北京烤鸭，我最直接的感受是，当我第一次吃完烤鸭的时候，又立刻盼望着第二次来北京吃烤鸭了。"

遗 憾 饲 昼 均 匀 簿

生 词 NEW WORDS

烤鸭	kǎo yā	roast duck
旅游	lǚ yóu	tour
项目	xiàng mù	item
本身	běn shēn	oneself
生长期	shēng zhǎng qī	growth period
喂养	wèi yǎng	feed
饲养员	sì yǎng yuán	stockman
专门	zhuān mén	special; specialized
配制	pèi zhì	make up
定量	dìng liàng	ration; fixed quantity
昼夜	zhòu yè	day and night
规定	guī dìng	fixed
内脏	nèi zàng	internal organs
涂料	tú liào	coating; paint
晾干	liàng gān	dry by airing

烤制	kǎo zhì	bake; roast
铁钩	tiě gōu	iron hook
吊	diào	hang
烤炉	kǎo lú	oven
焦	jiāo	charred; scorched
燃料	rán liào	fuel
厨师	chú shī	cook
均匀	jūn yún	even; well-distributed
相间	xiāng jiàn	alternating with
蘸	zhàn	dip in (sauce)
面酱	miàn jiàng	a thick sauce made from soya beans, flour, etc.
美味	měi wèi	delicious (food)
留言簿	liú yán bù	visitors' book

词 语 例 解

非 副词

1. 不（是）。多用于书面语 (not; no)。例如：

   不到长城非好汉。

   当时的情景非言语所能形容。

   我和他非亲非故，他这样帮助我，使我非常感动。

2. "非……不……"，表示一定要怎样 (must; have to)。例如：

   我非说不可。（我一定要说。）

   他非去不行。（他一定要去。）

   要学好一种语言，非下苦功不可。（一定要下苦功。）

   ＊口语中，"非"后也可以不用"不可""不行"等。例如：

   不让他去，他非要去。（他一定要去。）

   他不来就算了，为什么非叫他来？（为什么一定叫他来？）

遗憾

1. 形容词。不称心，惋惜 (regrettable; very sorry)。例如：

   不到长城非好汉，不吃烤鸭真遗憾。

   令人遗憾的是这场比赛他们输了。

2. 名词。后悔或不称心的事 (regret)。例如：

   没能上大学是他一辈子的遗憾。

一般 形容词

1. 一样，同样 (same as)。例如：

   姐妹俩一般高。

2. 普通，通常 (general; ordinary)。例如：

   烤鸭用的燃料也有讲究，一般要用质量好的果木。

   这篇文章的内容很不一般。

   他一早出去，一般要到天黑才回来。

而 连词

1. 表示转折(but)。例如：

这种苹果大而不甜。

这里已经春暖花开，而北方还是寒冬。

2. 表示互相补充(and)。例如：

烤好的鸭子，金黄油亮，皮薄而脆。

这篇文章写得简练而生动。

那孩子聪明而漂亮。

可口 形容词

食品、饮料味道好，合口味(good to eat; delicious)。例如：

不必用"好吃""可口"来形容北京烤鸭。

这种菜吃起来特别可口。

练 习

一 熟读课文，回答问题。

1. 为什么说"不到长城非好汉，不吃烤鸭真遗憾"？
2. 北京鸭和一般的鸭子有什么不同？
3. 怎样烤出的鸭子才会外焦里嫩？
4. 上桌后的鸭肉是什么样的？

二 辨形，注音，组词。

晾（　　）＿＿＿

凉（　　）＿＿＿

薄（　　）＿＿＿

簿（　　）＿＿＿

料（　　）＿＿＿

科（　　）＿＿＿

脆（　　）＿＿＿

跪（　　）＿＿＿

$$\begin{cases} 钩（\quad）\underline{\qquad} \\ 钓（\quad）\underline{\qquad} \end{cases} \qquad \begin{cases} 匀（\quad）\underline{\qquad} \\ 勺（\quad）\underline{\qquad} \end{cases}$$

三 根据课文选词填空。

1. 爬长城、吃烤鸭是两个 _____ 项目。（体育，旅游）

2. 到北京不吃烤鸭就会 _____ 遗憾。（感到，认为）

3. 北京鸭跟别的鸭子 _____。（不大一样，大不一样）

4. 烤鸭 _____ 要用质量好的果木。（一般，一定）

四 用括号中的词语改写句子。

1. 明年我一定要去北京。（非……不可）

2. 这件事只有你去才能办成。（非……不可）

3. 吃烤鸭通常要蘸面酱。（一般）

4. 春天来了，但天气并不暖和。（而）

五 会话练习。

小 云：今天我带你去吃烤鸭，怎么样？

大 卫：太棒了。听说"全聚德"的烤鸭最有名，我们去吧！

小 云：好。

大 卫：哦，真香啊！

服务员：两位请这边坐。这是菜单，你们吃点什么？

大 卫：这么多菜！都是用鸭子做的？

服务员：是呀，我们这儿能用鸭子做成几十种菜呢！

大 卫：真不错。看来到北京不吃烤鸭，肯定会遗憾的。

小 云：今天你就好好儿品尝品尝吧。

12 戏　迷

北京有形形色色的"迷"：球迷、影迷、集邮迷、玩鸟迷……还有一种"迷"，在北京的街头巷尾也常看到。他们边骑车边听着收音机里的京戏，高兴时便跟着哼起来。人们叫他们"戏迷"。

北京的大小公园里，也常能看到一群群的人围着琴师，轮流唱上一两段，既过瘾，又可以在人前露一手。他们既是认真的演唱者，又是热情的观众，构成一幅幅地地道道的北京风俗画。

我去过北京的许多剧场，尤其是那些常演京剧的老式的戏园子，观众当中大多是头发花白的中老年人。他们有时闭着眼睛细心品味，有时随着唱腔忘我地摇头晃脑。他们知道恰如其分地"给好儿"，演到精彩之处，就会热情地鼓起掌来。每当这时，我就不禁感到：京剧真是当之无愧的国剧，北京真是名不虚传的"京剧之乡"。

京剧不仅迷住了"老北京"，也吸引了不少年轻人。我有一位好友，今年才二十四岁，会唱几十段京戏。我们常和几位大学生聚在一起，过过戏瘾，往往是越唱越入迷。在北京我还结识了几位外国留学生，他们也酷爱京剧，经常轮流起早去排队买票，非买前七排的戏票不可。其中一位姑娘告诉我，她来北京的目的就是看戏学戏。

京剧艺术迷住了无数男女老少。戏迷们渴望有更多的好戏、好演员。我相信通过各方面的努力，京剧还会赢得更多的中国观众，也会吸引越来越多的海外戏迷。

瘾 俗 愧 虚 酷
yǐn sú kuì xū kù

生 词 NEW WORDS

迷	mí	fan; enthusiast
街头巷尾	jiē tóu xiàng wěi	streets and lanes
收音机	shōu yīn jī	radio
琴师	qín shī	music player
露一手	lòu yī shǒu	show off
演唱	yǎn chàng	sing
地地道道	dì dì dào dào	pure; typical
风俗	fēng sú	custom
剧场	jù chǎng	theatre
老式	lǎo shì	old type
戏园子	xì yuán·zi	theatre
细心	xì xīn	careful(ly)
品味	pǐn wèi	taste; savour
忘我	wàng wǒ	selfless(ly); oblivious of oneself
摇头晃脑	yáo tóu huàng nǎo	wag one's head
给好儿	gěi hǎor	cheer
名不虚传	míng bù xū chuán	have a well-deserved reputation
入迷	rù mí	be fascinated
结识	jié shí	get to know sb.
留学生	liú xué shēng	student studying abroad; student from other countries
酷爱	kù'ài	ardently love
排队	pái duì	form a line
目的	mù dì	goal; purpose
男女老少	nán nǚ lǎo shào	men and women, old and young
渴望	kě wàng	long for
海外	hǎi wài	overseas; abroad

词 语 例 解

形形色色

成语。各种各样 (of all forms; of every description)。例如：

北京有形形色色的"迷"。

街道两旁挂满了形形色色的广告。

爸爸是个警察，处理过形形色色的案件。

过瘾　形容词

泛指满足某种爱好。也可以说"过……瘾" (satisfy a craving; enjoy oneself to the full)。例如：

我们常和几位大学生聚在一起，过过戏瘾。

爸爸每次吃饭都要喝一杯啤酒才觉得过瘾。

昨天看足球赛连饭都忘了吃了，看得真过瘾。

尤其　副词

表示很突出 (especially)。例如：

我去过许多剧场，尤其是那些常演京剧的老式戏园子。

吸烟对身体不好，尤其影响肺和气管。

杭州很美，尤其是在春天。

恰如其分

成语。办事或说话合乎分寸 (just right; appropriate)。例如：

他们知道恰如其分地"给好儿"。

批评人时不要太严厉，要恰如其分。

说话办事都做到恰如其分很不容易。

58

当之无愧

成语。表示完全可以承当，名实完全相符 (be worthy of; fully deserve)。例如：

京剧真是当之无愧的国剧。

他足球踢得最好，代表国家参加比赛当之无愧。

他是一位当之无愧的英雄。

练 习

一 读读记记，了解词语用法。

迷——戏迷、歌迷、舞迷、书迷、中国迷
俗——风俗、民俗、婚俗、礼俗
式——老式、新式、中式、西式、欧式
酷——酷爱、酷热、酷似、冷酷、残酷

二 选字填空。

____流（轮、伦）   戏____子（圆、园）

精____（采、彩）   过_____（隐、瘾）

三 用括号中的词语改写下列句子。

1. 香港到处可以看到各种各样的广告牌。（形形色色）

2. 我喜欢看电影，特别是中国电影。（尤其）

3. 他这样做是很合适的。（恰如其分）

四 用下列词语造句。

　　渴望 ——
　　当之无愧 ——
　　名不虚传 ——

五 阅读下边这个小笑话，想一想为什么能引人发笑。

　　　有一个戏迷，碰上什么人都讲京戏。一天，他跑到厨房里跟厨师大讲京戏。他问厨师："你知道四大名旦吗？"厨师说："北京鸭蛋、河北鸡蛋、山东鹅蛋、江南松花蛋。"戏迷说："不不，我说的是人……"厨师说："人蛋？我从来没听说过。"

13 腊八粥

中国农历的十二月，俗称腊月；腊月初八，俗称"腊八"。这一天，人们总爱吃一顿美味可口的腊八粥。这习俗和元宵节吃元宵、中秋节吃月饼一样，一直流传到今天。

腊八粥一般是用糯米、红糖和许多种干果放在一起煮成的。干果主要有红枣、桂圆、核桃、白果、杏仁、栗子、花生等，再加上各种豆子和芝麻之类，煮成的腊八粥色香味俱全。

提起腊八粥，还有一段传说呢。据说，腊八粥最早是佛教寺院里煮来供佛用的。相传腊月初八是佛祖释迦牟尼修炼成佛的日子。他为了普救众生，曾经在山中修行多年，每天只吃一些野果。一天，由于劳累饥饿，他昏倒在地上。一位好心的牧羊女恰好从这里经过，将他救起，并把自己带的乳糜一口一口地喂给他吃。释迦牟尼吃了乳糜，渐渐恢复了体力，终于修炼成佛。

后来，每年的腊月初八，各佛教寺院效法牧羊女献乳糜的

故事，用香米和干果煮成粥，称为"腊八粥"，供奉佛祖。供奉之后，再将粥送给穷人。随着佛教的广泛流传，吃腊八粥也渐渐成了民间的一种习俗，流传到现在。

là	zhōu	xiāo	gòng	pǔ	jī	huī	fàn
腊	粥	宵	供	普	饥	恢	泛

生 词 NEW WORDS

腊八	là bā	the eighth day of the twelfth lunar month
粥	zhōu	porridge
俗称	sú chēng	popular name; local name
习俗	xí sú	custom
糯米	nuò mǐ	polished glutinous rice
红糖	hóng táng	brown sugar
干果	gān guǒ	dry fruit
煮	zhǔ	boil
佛教	fó jiào	Buddhism
寺院	sì yuàn	temple
供	gòng	enshrine and worship
佛祖	fó zǔ	originator of Buddhism
释迦牟尼	Shì jiā móu ní	Sakyamuni; the founder of Buddhism
修炼	xiū liàn	practise Buddhism or Taoism

普救众生	pǔ jiù zhòng shēng	save all living creatures
修行	xiū xíng	practise Buddhism or Taoism
野果	yě guǒ	wild fruit
饥饿	jī'è	hungry
牧羊女	mù yáng nǚ	shepherdess
乳糜	rǔ mí	milk
恢复	huī fù	resume; regain
体力	tǐ lì	physical strength
效法	xiào fǎ	follow the example of; learn from
穷人	qióng rén	poor people; the poor
广泛	guǎng fàn	extensive; widespread
民间	mín jiān	among the people; popular

词语例解

流传　动词

事迹或作品等传下来或传播开 (spread; hand down)。例如：

这习俗一直流传到今天。

这个民间故事从古代一直流传到现在。

这里流传着一个美丽动人的爱情故事。

传说　名词

口头流传下来的关于某人某事的故事 (legend)。例如：

提起腊八粥，还有一段传说呢。

关于人类的起源，世界各民族都有不同的传说。

传说中的仙女是十分美丽的。

据说　动词

根据别人说的，根据传说 (it is said; the story is going round that)。例如：

据说，腊八粥最早是佛教寺院里煮来供佛用的。

据说有人正在写一本关于佛教的书。

我们学校据说下学期要开汉字书法课。

恰好　副词

刚好 (just right)。指时间、空间、数量、条件等正合适。例如：

这时候，一位好心的牧羊女恰好从这里经过。

我们恰好在晚饭之前到达。

今天恰好是爸爸的生日。

随着

1. 动词。跟着 (follow)。多用于口语。例如：

街上大大小小的汽车一辆随着一辆。

参观的人很多，请大家随着人流往前走。

2. 介词。表示产生某种结果的条件 (along with)。例如：

随着佛教的广泛流传，吃腊八粥也渐渐成了民间的一种习俗。

树叶随着秋天的到来变成了金黄色。

随着旅游事业的发展，来这里度假的人越来越多。

练　习

一　根据课文内容判别正误。

1. 中国人喜欢在农历的十二月初八吃腊八粥。

2. 腊八粥一般是用糯米、红糖和各种水果煮成的。

3. 腊八粥最早是佛教寺院里煮来供佛用的。

4. 相传腊月初八是佛祖修炼成佛的日子。

二　辨形，注音，组词。

{腊（　　）____　　　　{历（　　）____
{猎（　　）____　　　　{厉（　　）____

{端（　　）____　　　　{效（　　）____
{瑞（　　）____　　　　{郊（　　）____

{供（　　）____　　　　{宵（　　）____
{拱（　　）____　　　　{消（　　）____

三 把中国的传统节日和这一天吃的传统食品用线连起来。

春节　　　　　　月饼

元宵节　　　　　饺子

端午节　　　　　腊八粥

中秋节　　　　　元宵

腊八　　　　　　粽子

四 选词填空。

1. 中秋节吃月饼的习俗一直 ＿＿＿ 到今天。（流传、流行）

2. 提起腊八粥，还有一段美丽的 ＿＿＿＿＿ 呢。（传统、传说）

3. 吃腊八粥也渐渐成了民间的一种 ＿＿＿＿＿ 。（习惯、习俗）

五 完成句子。

1. 随着冬天的到来，＿＿＿＿＿＿＿＿＿＿ 。

2. 随着佛教的广泛流传，＿＿＿＿＿＿＿＿＿＿ 。

3. 提起吃月饼，我就 ＿＿＿＿＿＿＿＿＿ 。

4. 一提起北京，我就 ＿＿＿＿＿＿＿＿＿ 。

14　鞭炮与烟花

　　"新年来到，姑娘要花，小子要炮。"这是中国的一句俗语。春节期间，孩子们喜气洋洋，竞相燃花放炮。特别是除夕之夜，家家鞭炮齐鸣，户户烟花四射，把传统的新春佳节点缀得热热闹闹。

　　春节放花放炮，在中国有着悠久的历史。古时候用火烧竹子，发出劈劈啪啪的爆裂声，以吓走山中的鬼怪，称为爆竹。每逢节日就燃放这种爆竹。火药发明以后，人们用纸把火药紧紧包起来燃放，叫做爆仗。到了宋代，爆仗有单响、双响，还有把很多小爆仗串在一起的鞭炮。同时，奇妙的烟花也出现了。

　　清代，鞭炮与烟花更为盛行，制造的工艺不断创新，燃放的花样也层出不穷。当时北京有正月十一放烟花的习惯。人们在街上搭起几丈高的架子，把烟花分为三层：第一层百花齐放，象征天下太平；第二层雀鸟群飞，取放生之意；第三层是各种

生动的人物形象，这些"人物"击鼓欢歌之后，顿时烟花四射，映红夜空。

近代，又发明了一种火炮，把烟花送上高空。五颜六色的烟花在空中组成各种漂亮的图案，人们在很远的地方都能看到。特别是在盛大的节日，美丽的烟花不但增添了节日的气氛，也使大家感受到生活的幸福和欢乐。

biān	yān	zhuì	yōu	bào
鞭	烟	缀	悠	爆

生 词 NEW WORDS

鞭炮	biān pào	firecrackers
烟花	yān huā	fireworks
俗语	sú yǔ	common saying
喜气洋洋	xǐ qì yáng yáng	full of joy
竞相	jìng xiāng	compete with each other
除夕	chú xī	New Year's Eve
悠久	yōu jiǔ	long-standing; age-old
劈劈啪啪	pī pī pā pā	crackling and spluttering
爆裂	bào liè	burst; crack
爆竹	bào zhú	firecracker
火药	huǒ yào	gunpowder
爆仗	bào·zhang	firecracker
奇妙	qí miào	wonderful; marvellous
盛行	shèng xíng	be current; prevail for a time
工艺	gōng yì	technology; craft
不断	bù duàn	continuously; constantly
创新	chuàng xīn	bring forth new ideas
花样	huā yàng	pattern; variety
百花齐放	bǎi huā qí fàng	a hundred flowers blossom
象征	xiàng zhēng	signify; symbolize
放生	fàng shēng	free captive animals
形象	xíng xiàng	figure; image
击鼓	jī gǔ	beat a drum
顿时	dùn shí	immediately
图案	tú'àn	pattern; design
盛大	shèng dà	grand; magnificent

词 语 例 解

点缀

1. 名词。用做衬托或装饰的东西(ornament)。例如:

圣诞树上挂着一些小铃铛，作为点缀。

衣服上别一个胸针，是个很好的点缀。

2. 动词。衬托或装饰(to embellish; to adorn)。例如:

鞭炮与烟花把传统的新春佳节点缀得热热闹闹。

层层树叶中间，点缀着一些白花。

一串串五颜六色的小灯点缀得圣诞树更加美丽。

以

1. 介词。凭借；按照；因为(according to; because of)。例如:

我以老朋友的身份劝你不要再去喝酒。

每户以4口人计算，20户共约80人。

这个地方以盛产茶叶闻名。

2. 连词。以便(so that)。例如:

古时候用火烧竹子，以吓走山中的鬼怪。

努力学好中文，以更好地了解中国。

每

1. 代词。指全体中的任何一部分(every)。例如:

每一个人都有自己的特点。

每周交一次作业。

2. 副词。表示同一动作有规律地反复出现(every time)。常与"就""都""总"等配合使用。例如:

每逢节日就燃放这种爆竹。

每次去北京，我们都要去游览故宫和长城。

这本书我每读一次都有新的体会。

层出不穷

成语。形容接连不断地出现 (emerge in an endless stream; come out one after another)。例如：

鞭炮与烟花制造的工艺不断创新，燃放的花样也层出不穷。

傍晚的彩霞不断变幻，各种颜色和形状层出不穷。

我们班的好人好事层出不穷。

五颜六色

成语。多种颜色，形容非常漂亮 (of various colours; colourful)。例如：

五颜六色的烟花在空中组成各种漂亮的图案。

夏天，孩子们穿上五颜六色的衣裙，到郊外去野餐。

校园里开满了五颜六色的鲜花。

练 习

一 熟读课文，回答问题。

1. 中国人喜欢在什么时候燃花放炮？

2. 古时候中国人为什么要用火烧竹子？

3. 火药发明以后，爆竹有什么变化？

4. 什么样的"爆竹"叫鞭炮？

5. 火药发明以后，中国人怎样放烟花？

二 辨形，注音，组词。

$$\begin{cases} 炮（\quad）\underline{\qquad} \\ 抱（\quad）\underline{\qquad} \end{cases} \qquad \begin{cases} 烟（\quad）\underline{\qquad} \\ 姻（\quad）\underline{\qquad} \end{cases}$$

$$\begin{cases} 竞（\quad）\underline{\qquad} \\ 竟（\quad）\underline{\qquad} \end{cases} \qquad \begin{cases} 爆（\quad）\underline{\qquad} \\ 瀑（\quad）\underline{\qquad} \end{cases}$$

$$\begin{cases} 烧（\quad）\underline{\qquad} \\ 浇（\quad）\underline{\qquad} \end{cases} \qquad \begin{cases} 鸣（\quad）\underline{\qquad} \\ 呜（\quad）\underline{\qquad} \end{cases}$$

三 给下边句子中加线的词选择合适的义项。

1. 每小时工钱<u>以</u>5美元计算。（用、按）

2. 今天我们<u>以</u>茶代酒。（因、用）

3. 这里<u>以</u>盛产葡萄酒闻名。（按、因）

四 完成句子。

1. 每次去旅游，我总要 ＿＿＿＿＿＿＿＿＿。

2. 这个电影我每看一次都 ＿＿＿＿＿＿＿＿＿。

3. 每逢圣诞节孩子们就 ＿＿＿＿＿＿＿＿＿。

五 把下列句子译成英语。

1. 春节期间燃花放炮，在中国有悠久的历史。

2. 五颜六色的烟花在空中组成各种漂亮的图案。

3. 特别是在盛大的节日，美丽的烟花不但增添了节日的
   气氛，也使大家感受到生活的幸福和欢乐。

15　印　章

当你欣赏中国的书法或绘画作品时，你可曾注意到，几乎每一幅作品上，都盖着一方红色的印章。这些印章有大有小，有方有圆；上面刻的有的是人名，有的是书房名，有的是一些诗句，成为书画作品的一个重要组成部分。

中国最早的印章，据说出现在东周。那时大都是官印，系在腰带上，用来表示这个人的官位。战国时代，苏秦一个人同时当了六个国家的宰相，想来一定同时佩带着六国的宰相官印。战国以后，印章在民间流传开来，而且有人在上面刻上吉祥的话，当作吉祥物。隋唐以后，私印开始广泛流行。到了宋元时期，印章与书法、绘画结合到一起。人们说中国书画作品有四绝：画好，字好，诗好，印章好。由此可见印章在书画作品中的地位。

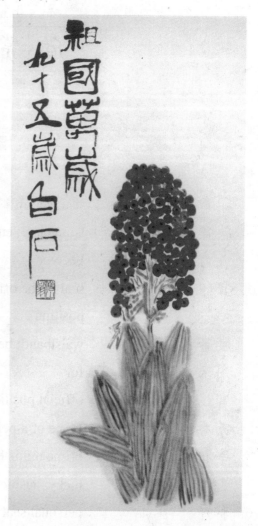

印章上面刻的，多半都是人名。从前中国人除了名以外，还有字、号、别名等，连带的印章也有不少。举例说吧，著名画家齐白石，他父亲和祖父给他取了三个名字，老师又给他取了一个学名，他自己还取了许多

白　石

借山翁

别名，如"白石老人""借山老人"等等。所以，我们在他的书画作品里，常常可以看到各种不同的印章。

来中国旅游的外国人，也常常喜欢刻一枚小小的印章。在给朋友的书信中，或者在赠给朋友的书画中，盖上一个鲜红的印章，往往能给朋友带去一份意外的惊喜。

xīn shǎng jí xiáng méi zèng
欣 赏 吉 祥 枚 赠

生 词 NEW WORDS

印章	yìn zhāng	seal; stamp
欣赏	xīn shǎng	appreciate; enjoy
成为	chéng wéi	become
官印	guān yìn	seal of the official position
腰带	yāo dài	waistband; belt
用来	yòng lái	for
官位	guān wèi	official position
苏秦	Sū Qín	name of a person
宰相	zǎi xiàng	prime minister
吉祥	jí xiáng	lucky; auspicious
私印	sī yìn	personal seal
绝	jué	unique thing; excellent thing
地位	dì wèi	position
字	zì	a name taken at the age of twenty, by which a man is sometimes called
号	hào	assumed name
别名	bié míng	another name
举例	jǔ lì	for example
祖父	zǔ fù	grandfather
齐白石	Qí Bái shí	name of a Chinese famous painter
学名	xué míng	formal name used at school
枚	méi	a measure word
赠	zèng	give as a present
惊喜	jīng xǐ	pleasantly surprised

词 语 例 解

几乎 副词

表示估量，差不多 (almost)。例如：

几乎每一幅作品上，都盖着一方红色的印章。

姐姐和妈妈几乎一样高。

分别三年多，我几乎认不出他来了。

流行

1. 动词。传播得很广 (be popular; be fashionable)。例如：

隋唐以后，私印广泛流行。

今年夏天流行红裙子。

2. 形容词。传播很广的 (popular)。例如：

孩子们爱听流行歌曲。

这种颜色的衣服今年很流行。

这首歌在我们家乡曾经很流行。

可见 连词

表示后一部分是根据前一部分说的事实得出的判断或结论。有时也说"由此可见" (it is thus clear that; this shows)。例如：

……由此可见印章在书画作品中的地位。

你做了三遍还是错，可见你根本没用心。

他刚学了汉语又学日语，由此可见他很热心于学习语言。

多半

1. 数词。半数以上；大半 (most; the greater part)。例如：

印章上面刻的，多半是人名。

我们班的同学多半是女生。

她的衣服多半是红颜色的。

2.副词。大概，表示对情况的估计 (probably; maybe)。例如：

听口音，他多半是四川人。

雨下得很大，她多半不会来了。

意外

1.形容词。意料之外 (unexpected)。例如：

给朋友带去一份意外的惊喜。

这情况太意外了。

他这种做法，使大家感到十分意外。

2.名词。意料之外的事情 (accident)。例如：

过街要走人行横道，以免发生意外。

要是没有什么意外，我们年底可以完成任务。

练 习

一 熟读课文，回答问题。

1.在中国的什么作品上可以看到印章？

2.中国的印章上刻的是什么？

3.中国最早的印章出现在什么时候？

4.东周时期的官印是干什么用的？

5.从什么时候起私印开始广泛流行？

二 读读记记，注意词语搭配。

系——系腰带，系鞋带，系头花

印章——刻印章，盖印章，一枚印章

欣赏——欣赏书法，欣赏绘画，欣赏风景

三 用括号中的词语改写句子。

1. 这些印章差不多每一个都是用石头刻的。（几乎）
2. 他换了一件新衣服，我差点儿认不出他来了。（几乎）
3. 这首歌几乎人人都喜欢，人人都会唱。（流行）
4. 我们班的大多数同学都学了六年中文了。（多半）

四 完成句子。

1. 你那么熟悉北京的街道，可见 _____。
2. 他们俩一见面就有说有笑，由此可见 _____。
3. 他妈妈说话有上海口音，可见 _____。

五 用下列词语造句。

欣赏——

几乎——

意外——

16 二、两、俩

A 这回呀，咱们研究研究"二""两""俩"这三个词。

B 这有什么可研究的？

A 我问你，一个加一个等于几个？

B 两个呀。

A 我再问你，一加一等于几？

B 二呀。这连小孩儿都懂。

A 你可别小看这两个词，这里边可有学问啦。

B 有什么学问，你跟我们大家说说。

A 在表达顺序、排行的时候，要用"二"，不能用"两"。比如说，我在第二次汉语考试中，名列第二。

B 你的学习成绩很不错，可惜还不如我，我考第一。

A 可是不能说，我在第两次考试中，名列第两。

B 有道理。那在什么情况下用"两"，不能用"二"呢？

A 个位数跟量词一起用的时候，要用"两"，不能用"二"。比如说，我在公园里看见了两只熊猫。

B 是这么说。

A 不能说，我在公园里看见了二只熊猫。

B 听着别扭呀。

A 还有，在表示约数的时候，要用"两"，不用"二"。

B 你举个例子。

A 请你喝两口茅台。

B 我不会喝酒。

A 这是举例子，谁让你真喝了？不能说，请你喝二口茅台。

B 这样说不好听。

A 另外，在成语里边，"二"和"两"是不能用错的。

B 对，"三心二意"就不能说成"三心两意"。

A 还有一个词往往被人忽视。

B 哪个词？

A "两"字加个单立人儿。

B 难不住我，这个词念"俩"，是两个的意思。

A 汉语学得挺不错嘛，连"俩"都认识。

B 比如说，哥儿俩、姐儿俩。

A 我有俩姐姐：大姐和二姐。今天二姐来看我。这时候"二"千万不能用错。

B 错了呢？

A 今天俩姐来看我。

B 都来了！

生 词 NEW WORDS

学问	xué·wen	learning; knowledge
排行	pái háng	seniority among brothers and sisters
考试	kǎo shì	examination
名列	míng liè	put one's name among
学习	xué xí	study; learn
情况	qíng kuàng	situation; condition
量词	liàng cí	measure word

别扭	biè·niu	uncomfortable
约数	yuē shù	approximate number
例子	lì·zi	example
茅台	máo tái	Maotai (name of Chinese liquor)
三心二意	sān xīn 'èr yì	be of two minds; half-hearted
嘛	ma	an interjection

词 语 例 解

小看　动词

轻视，看不起 (look down upon; belittle)。例如：

你可别小看这两个词，这里边可有学问啦。

别小看这中草药，治病还真管用。

不要随便小看别人，应该学习别人的长处。

不如　动词

用于比较，表示比不上 (not as good as; inferior to)。有时后面不说
明用来比较的内容。例如：

你的成绩还不如我，我考第一。

看电视不如看电影。

我们不如去吃中餐吧。

有时也可以在后面说明比较的内容。

走路不如骑车快。

这个月的游客不如上个月多。

往往　副词

表示某种事情在多数情况下是这样 (frequently; often)。例如：

还有一个词往往被人忽视。

他们是好朋友，往往一聊就是半天。

这里是大沙漠，往往走上一天也见不到一户人家。

＊"往往"一般表示某种情况的出现带有一定的规律性，"常常"
则没有规律性。"常常"可以用于将来的事情，"往往"不能。
例如：

她一到周末往往来我家玩。

请你常常来我家玩。

忽视　动词

　　认为不重要而没有给予注意 (ignore; overlook)。例如：

　　　　还有一个词往往被人忽视。

　　　　安全问题不能忽视。

　　　　忽视儿童心理健康会造成严重后果。

千万　副词

　　一定 (must)。后面多用"不、别、要"等词语。例如：

　　　　这时候"二"千万不能用错。

　　　　那件事你千万别忘了。

　　　　过马路的时候千万要小心。

练　习

一　辨形，注音，组词。

　　　　列（　　　）＿＿＿＿　　　　住（　　　）＿＿＿＿
　　　　烈（　　　）＿＿＿＿　　　　注（　　　）＿＿＿＿
　　　　例（　　　）＿＿＿＿　　　　往（　　　）＿＿＿＿

　　　　跟（　　　）＿＿＿＿　　　　借（　　　）＿＿＿＿
　　　　根（　　　）＿＿＿＿　　　　错（　　　）＿＿＿＿
　　　　银（　　　）＿＿＿＿　　　　惜（　　　）＿＿＿＿

二　选择合适的词语填空。

　　　　　常常　　　　往往

　　1. 写错别字（　　　）是因为马虎。

　　2. 希望以后能（　　　）来这儿玩。

　　　　　　　小看　　　　忽视

3. 不要（　　）感冒一类的小病。

4. 谁说我不行？你太（　　）人了！

　　　　　　　千万　　　　十分

5. 对他的工作，我们（　　）满意。

6. 开车（　　）要注意安全。

三　完成下边的句子。

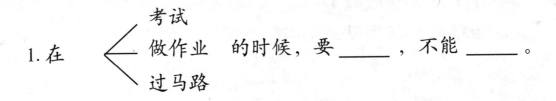

1. 在 ＜ 考试 / 做作业 / 过马路　的时候，要 ＿＿＿ ，不能 ＿＿＿ 。

2. 这是 ＜ 开玩笑 / 举例子 / 讲故事　，谁让你 ＿＿＿＿＿＿ 了？

四　读读写写，用加线的词语造句。

学问　　别扭　　例子　　研究　　考试
约数　　排行　　顺序　　难不住　不如

别扭 ——

顺序 ——

不如 ——

五　分角色朗读课文，并在班上表演。

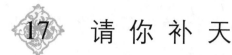

17 请你补天

天＿＿＿＿　　　天＿＿＿＿

＿天＿＿　　　＿天＿＿

＿＿天＿　　　＿＿天＿

＿＿＿天　　　＿＿＿天

你能补出空格里的字吗？而且补出后必须是成语。所谓成语，就是现成的短语。它是词汇里的一个特殊部分。特殊在什么地方呢？它虽然不是一个词，但结构紧密，不能拆开，也不能随便调换其中的字，通常当成一个词使用。成语大部分是由四个字组成的，如"天经地义、光天化日、海阔天空、坐井观天"等等。

成语是怎么产生的呢？

一般有两种情况。一种是口头流传下来的，如"天花乱坠、欢天喜地"等。另一种是从书面语言来的，或者是对古代故事的概括，或者从好的诗文中摘取。如"杞人忧天"这个成语，就出自《列子》。古代杞国有个人，整天愁眉苦脸，别人问他："你愁什么？"他回答说："如果天塌下来，我往哪儿躲呢？"别人劝他："天不会塌的，你放心吧。"他怎么也不信，仍然愁个没完，后来终于愁死了。人们就用"杞人忧天"比喻那些不必要的或没有根据的忧虑。又如"石破天惊逗秋雨"是唐代诗人李贺的名句，后人都认为"石破天惊"这几个字用得好，纷纷引用，时间长了，就成了成语。

介绍完了成语和成语的来源，你能填出这篇短文开头那些空格里的字了吧？其实答案就在文章里，仔细找找，就不难找到。

wèi huì shū chāi yōu chóu

谓 汇 殊 拆 忧 愁

生 词 NEW WORDS

空格	kòng gé	(empty) blank space
所谓	suǒ wèi	what is called
词汇	cí huì	vocabulary
特殊	tè shū	special
结构	jié gòu	structure
紧密	jǐn mì	inseparable
拆开	chāi kāi	take apart; separate
调换	diào huàn	exchange
通常	tōng cháng	usually
组成	zǔ chéng	form; make up
坐井观天	zuò jǐng guān tiān	look at the sky from the bottom of a well; have a very narrow view
产生	chǎn shēng	produce; come into being
口头	kǒu tóu	oral(ly)
天花乱坠	tiān huā luàn zhuì	as if it were raining flowers; give an extravagantly colourful description
欢天喜地	huān tiān xǐ dì	with boundless joy; overjoyed
书面	shū miàn	written

概括	gài kuò	summary; summarize
摘取	zhāi qǔ	select; extract
杞人忧天	qǐ rén yōu tiān	Like the man of Qi haunted by the fear that the sky might fall; entertain imaginary or groundless fears
出自	chū zì	come from
愁眉苦脸	chóu méi kǔ liǎn	have a worried look; with distressed expression
塌	tā	fall down; collapse
放心	fàng xīn	be at ease
仍然	réng rán	still; yet
忧虑	yōu lù	anxiety
认为	rèn wéi	think; consider
石破天惊	shí pò tiān jīng	earth-shattering and heaven-battering; remarkably original and forceful
引用	yǐn yòng	quote; cite
来源	lái yuán	source; origin
文章	wén zhāng	article

词 语 例 解

随便 *形容词*

1. 随意，没有限制 (casual; at random)。例如：

   成语结构紧密，不能拆开，也不能随便调换其中的字。

   没关系，我们随便谈谈。

   帮我带几斤苹果回来，价钱多少随便。

2. 怎么方便就怎么做，不多考虑 (careless; do as one pleases)。例如：

   他说话很随便。

   写文章不能随随便便，要对读者负责。

天经地义

成语。正确的或理所当然 (unalterable principle; right and proper)。例如：

学生努力学习是天经地义的事儿。

儿女要孝敬父母，这是天经地义的。

光天化日

成语。比喻大家看得很清楚的地方 (broad daylight)。例如：

他的罪恶被暴露在光天化日之下。

在光天化日之下抢劫，太令人气愤了。

海阔天空

成语。像大海一样广阔，像天空一样无边无际。形容天地宽阔，也比喻谈话非常自由，没有拘束 (as boundless as the sea and sky; unrestrained and far-ranging)。例如：

这里海阔天空，很有发展前途。

他们一见面就海阔天空，聊起来没个完。

或者 连词

表示选择 (or; either… or…)。例如：

成语或者是对古代故事的概括，或者从好的诗文中摘取。

我明天或者后天去北京。

这本书或者你先看，或者我先看，都可以。

<h2 style="text-align:center">练 习</h2>

一 辨形，注音，组词。

$$
\left\{\begin{array}{l}调\ (\qquad)\underline{\qquad}\\稠\ (\qquad)\underline{\qquad}\end{array}\right.
\qquad
\left\{\begin{array}{l}秋\ (\qquad)\underline{\qquad}\\愁\ (\qquad)\underline{\qquad}\end{array}\right.
$$

$$
\left\{\begin{array}{l}塌\ (\qquad)\underline{\qquad}\\蹋\ (\qquad)\underline{\qquad}\end{array}\right.
\qquad
\left\{\begin{array}{l}真\ (\qquad)\underline{\qquad}\\填\ (\qquad)\underline{\qquad}\end{array}\right.
$$

二 读一读，体会下面每组中两个句子的不同语调。

1. $\left\{\begin{array}{l}你能补出空格里的字吗？\\你能补出空格里的字吧？\end{array}\right.$

2. $\left\{\begin{array}{l}成语是怎样产生的呢？\\成语是这样产生的吧？\end{array}\right.$

三 读读写写，用加线的词语造句。

所谓	<u>特殊</u>	<u>通常</u>	概括
<u>仍然</u>	忧虑	来源	文章

特殊 ——
通常 ——
仍然 ——

四 仿照例子搭配词语。

特殊 < 部分
　　　 ——
　　　 ——

随便 < 调换
　　　 ——
　　　 ——

结构 < 特殊
　　　 ——
　　　 ——

纷纷 < 引用
　　　 ——
　　　 ——

五 在老师的帮助下，开一次成语故事会，把你认为最有意思的成语故事讲给大家听，看谁讲得好；或者把你知道的成语告诉同学们，说说成语的意思。

18 "球拍"和"拍球"

A 汉语的词汇十分丰富，词和词的组合也很有特点。

B 这不假。

A 比如说，有些双音词，只要把两个字前后颠倒一下，意思就不同了。

B 哦，这倒很新鲜。

A 你没听说过吗？我们现在就来看个例子，我先说个词，你把它倒过来。

B 好吧。

A 我手里拿着个"球拍"。

B 球拍？倒过来，拍球。哦，我懂了，我最喜欢拍球。

A 对了，"球拍"——"拍球"，相同的字，组成不同的词，表达的意思也不相同。

B 可真是啊！那我们再接着说。

A 我最喜欢听老师讲"故事"。

B 他开车总是出"事故"。

A 我奶奶头发"花白"。

B 我妹妹喜欢"白花"。

A 瓶子里插了一束"茶花"。

B 我爷爷最爱喝"花茶"。

A 妈妈不爱吃"鸡肉"。

B 爸爸养了很多"肉鸡"。

A 刚才我们说的都比较简单，现在我们说复杂一点儿的，怎么样？

B 行，没问题。还是你先说吧。

A 这台"彩色"电视机比那台"彩色"电视机好吗？

B 这张画儿的"色彩"比那张画儿的"色彩"鲜明吗？

A 这儿的"蜜蜂"没有那儿的"蜜蜂"多。

B 那儿的"蜂蜜"没有这儿的"蜂蜜"甜。

A 这种"蛋糕"没有那种便宜。

B 这种"糕蛋"没有……

A 你能倒过来说吗？

B 你不是说双音词能倒过来说吗？

A 我又没说所有的双音词都能倒过来呀！

B 哦，这里面还真有学问哪！

	diān	ò	fēng	gāo
	颠	哦	蜂	糕

生 词 NEW WORDS

组合	zǔ hé	combination; joining together
特点	tè diǎn	characteristic
双音词	shuāng yīn cí	disyllabic word
哦	ò	oh! (I see)
相同	xiāng tóng	the same
开车	kāi chē	drive
事故	shì gù	accident
花白	huā bái	grey

花茶	huā chá	scented tea
鸡肉	jī ròu	chicken (as food)
肉鸡	ròu jī	chicken feeded for meat
电视机	diàn shì jī	TV set
色彩	sè cǎi	colour
鲜明	xiān míng	bright
蜂蜜	fēng mì	honey
蛋糕	dàn gāo	cake
便宜	pián·yi	cheap

词 语 例 解

颠倒　动词

改变原有的位置，跟原来的或应该有的顺序相反(put upside down; reverse)。例如：

只要把两个字前后颠倒一下，意思就不同了。

顺序应该颠倒过来。

倒过来

上下、前后调换位置 (turn upside down; move backward)。例如：

我先说个词，你把它倒过来。

两个号码的顺序不能倒过来。

把杯子倒过来。

意思　名词

1.意义，含义 (meaning; idea)。例如：

只要把两个字前后颠倒一下，意思就不同了。

这句话是什么意思？

我不明白你的意思。

2.情趣，趣味 (interest; fun)。前面一般用"有、没（什么）"。例如：

看了那部电影，感觉很有意思。

这本书没什么意思。

再　副词

1.表示动作的重复或继续 (again; once more)。例如：

那我们再接着说。

时间还早，再坐一会儿吧。

这次失败了，下次再来。

2. 用在假设句里，表示如果继续下去会怎样，后面常用"就、也"等呼应。这样的句子，表示假设的连词 (if) 可有可无。例如：

你（要是）再不高兴，我们就不理你了。

（即使）你再解释，他都不会相信。

3. 表示一个动作将要在一定情况下出现 (then)。例如：

别着急，等他说完你再说。

今天来不及了，明天我们再讨论下边的问题吧。

所有　形容词

一切，全部 (all)。一般用在名词的前边。例如：

我又没说所有的双音词都能倒过来呀！

她把所有的爱都给了孩子们。

* "一切"也可以用在名词的前边，但不带"的"。"一切"还有替代作用，也可以受其他词语的修饰。例如：

这里的一切都让人感到温暖。

练　习

一 选词填空。

____故事（说、讲）　　　　____事故（出、做）
____茶花（养、种）　　　　____花茶（吃、喝）

二 用"最＋动词"完成句子。

1. 在学校里，我 _____。
2. 在所有运动中，他 _____。

3. 在我的朋友当中，小芸 ＿＿＿＿＿＿＿。

4. 这么多本书里，汤姆 ＿＿＿＿＿＿＿。

三 仿照例子，变换词语的顺序。

例：色彩鲜明 —→ 鲜明的色彩

景色秀丽 —→

节目精彩 —→

长城雄伟 —→

生日快乐 —→

空气清新 —→

身体健康 —→

四 阅读下边的片段，体会语序在汉语表达中的作用。

世界上第一个测(cè)出太阳系中存在第十颗行星的是中国人刘子华。1941年，他被巴黎(lí)大学授(shòu)予(yǔ)博士学位。在博士论文答辩(biàn)会上，有人为他精彩的答辩喝彩，情不自禁地说："了不起的中国人！"刘子华却说道："不，应当说中国人了不起！"

五 分角色朗读课文。

19 猜 谜 语

A 你会玩儿猜谜语的游戏吗？

B 会。不管什么样的字谜我都会猜。不信，咱们来试试。

A 好，你听着。"一只小帆船，载着一粒米，向东又向西，不知到哪里。"这是什么字？

B "迷路"的"迷"，对不对？

A 对。我再说一个："哥哥有弟弟没有，老吴老唐有，小李小王没有。"

B 是"口"字。

A "人有它是大，天没有它也是大。"

B "一"字。

A 哈，又对了。"去掉一人还有一口，去掉一口还有一人。"

B "合理"的"合"字。

A 嘿，你还真行。

B 那还用说，我说过，不管什么样的字谜，我都会猜嘛！

A 好，那你再听这个："画时圆，写时方，冬时短，夏时长。"

B 画出来是圆的，写出来又是方的。

A 对，冬天的时候短，夏天又变长了。

B 这是"日"字，对吧？

A 再猜一个难点儿的："又到村里去了"，是什么字？

B 我想想……

A 猜不出来了吧？

B "大树"的"树"，对吧？

A "一口咬掉牛尾巴",什么字?

B 嗯……"告诉"的"告",怎么样?

A 好,这个你肯定猜不出来了:"十五天",是哪个字?

B "十五天"?十五天是半个月呀!

A 猜一个字!

B 别着急,让我想想。

A 怎么样?猜不着了吧?

B 哦,我知道了,是"胖"字,"半月"嘛!

A 你还真聪明,下次,我准备几个难猜的,我们再玩儿,
好吗?

B 好啊。

fān	zài	wú	hēi	ǹ(ng)
帆	载	吴	嘿	嗯

生 词 NEW WORDS

谜语	mí yǔ	riddle	哪里	nǎ·li	where
字谜	zì mí	riddle about a character or word	吴	wú	a family name
			合理	hé lǐ	rationat; reasonable
试试	shì·shi	have a try	嘿	hēi	hey
帆船	fān chuán	sailing boat	村	cūn	village
载	zài	be loaded with	嗯	ǹ(ng)	an interjection

词 语 例 解

游戏 名词

娱乐活动 (recreation; game)。例如：

你会玩儿猜字谜的游戏吗？

孩子们在公园里做游戏。

这个游戏真有趣。

不管 连词

表示任何情况。常常和"都""也"等搭配使用，相当于"不论"
"无论"(no matter what, how, etc.; regardless of)。例如：

不管什么样的字谜，我都会猜。

不管有多大的困难，我们也要坚持。

＊"不管"多用于口语；"无论""不论"多用于书面语，后面可
以跟"多么""是否"等词语。例如：

无论工作多么忙，他始终坚持锻炼身体。

不论条件是否具备，我们明天都要开始工作。

去掉 动词

从一个整体中减去一部分 (remove; get rid of)。例如：

去掉一人还有一口，去掉一口还有一人。

这句话去掉几个字就简洁了。

那个字应该去掉上面的点才对。

还 副词

1. 表示某种现象或动作仍然在继续 (still; yet)。有时与"虽然、尽
管"等配合使用。例如：

他还在图书馆。

虽然已经下课了，同学们还是围着老师问个不停。

✱ "还"表示的是没有实现的动作；"又"表示的是已经实现的动作。例如：

他昨天来过，今天还要来。

他昨天来过，今天又来了。

2. "比……还……"，表示比较 (even more; still more)。例如：

今天比昨天还冷。

他比你还小两岁呢！

3. 表示超出预料；有赞扬的语气。例如：

你还真聪明。

他还真有办法。

准备

1. 动词。事先安排，计划，打算 (prepare; get ready)。例如：

下次我一定准备几个难猜的。

搬家的车已经准备好了。

我准备回家过春节。

2. 名词 (preparation)。例如：

对于这件事，我已经做好了充分的准备。

医生告诉我们，要做最坏的准备。

练　习

一 辨形，注音，组词。

猜（　　）____　　　载（　　）____

清（　　）____　　　截（　　）____

请（　　）____　　　栽（　　）____

$\left\{\begin{array}{l}\text{晴 (　　　)　\rule{2cm}{0.4pt}}\\ \text{睛 (　　　)　\rule{2cm}{0.4pt}}\\ \text{情 (　　　)　\rule{2cm}{0.4pt}}\end{array}\right.$ $\left\{\begin{array}{l}\text{米 (　　　)　\rule{2cm}{0.4pt}}\\ \text{迷 (　　　)　\rule{2cm}{0.4pt}}\\ \text{谜 (　　　)　\rule{2cm}{0.4pt}}\end{array}\right.$

二 给下列句子选择准确的语气词。

吗　嘛　吧　呀　啊

1. 咱们今天玩玩猜字谜的游戏____。

2. 你来读读这篇课文，好____？

3. 原来是你____，我还以为是谁呢。

4. 多漂亮的花儿____！

5. 你不要走得那么快____！

三 谜语是用几个字或几句话暗指一个事物或一个字的隐语。那些说出来或写出来供人们猜测的话，叫做"谜面"，谜语的答案叫做"谜底"。字谜是谜语里最有意思的部分，一般每个字谜猜一个字，也叫"打一字"。"立在两日旁，反而没有光。"（打一字）这就是一个格式完整的字谜。试着猜一猜下边的字谜。

1. 有土可种庄稼，
   有水可养鱼虾，
   有人不是你我，
   有马走遍天下。（打一字）

2. 日出京城。（打一字）

3. 儿女双全。（打一字）

明代有个学士叫解缙，是一个有名的才子。据说，他六七岁就能吟诗作对，人们都称他为"神童"。他家与曹尚书家的竹园相对，于是他便在自己家的门上贴了一副对联：

　　门对千竿竹

　　家藏万卷书

曹尚书见了很不愉快，心想：我家的竹园景色哪能让他借用呢？于是，他就命令人把竹子砍去一截。解缙见了，就在对联下面各添一字：

　　门对千竿竹短

　　家藏万卷书长

曹尚书更加生气，马上命令人把竹子全部砍光。解缙见后又在对联下面各加一字：

　　门对千竿竹短无

　　家藏万卷书长有

这一次，曹尚书感到十分惊奇，就让人把解缙叫来。解缙来到曹家时，见正门关着，就高声说："正门不开，这可不是迎客的道理。"曹尚书在门内说："我出上联，如果你对得出下联，我便开门迎接。"接着，念道：

　　小犬无知嫌路窄

解缙对道：

　　大鹏展翅恨天低

曹尚书又念一联：

　　天作棋盘星作子，谁人敢下

解缙立刻接出下联：

地当琵琶路当弦，哪个能弹

曹尚书听解缙对答如流，连称"奇才"，马上开了正门迎接。待解缙进了屋里，曹尚书便问："你父母是做什么生意的？"解缙想起父亲每天卖水，早晨、夜晚水桶里映出了太阳和月亮的影子，母亲纺线织布，双手忙个不停，就回答：

严父肩挑日月

慈母手转乾坤

曹尚书听了，不得不佩服解缙的奇才。

yú	xián	péng	qí	fǎng	xiàn
愉	嫌	鹏	棋	纺	线

生 词 NEW WORDS

解缙	Xiè Jìn	a person's name
尚书	shàng shū	high official; minister
学士	xué shì	a scholar
才子	cái zǐ	gifted scholar
神童	shén tóng	child prodigy
对联	duì lián	couplet
竿	gān	pole
卷	juàn	volume; book
愉快	yú kuài	pleased
借用	jiè yòng	borrow
添	tiān	add
惊奇	jīng qí	wonder; be surprised

上联	shàng lián	first line of a couplet
下联	xià lián	second line of a couplet
无知	wú zhī	ignorant
大鹏	dà péng	roc
恨	hèn	regret
棋盘	qí pán	chessboard
琵琶	pí·pa	*pipa*
弦	xián	string
纺线	fǎng xiàn	spin cotton into yarn
慈	cí	kind; loving
乾坤	qián kūn	heaven and earth

词 语 例 解

相对

1. 动词。面对面；相互对立 (face to face; opposite)。例如：

他家与曹尚书家的竹园相对。

两人相对无言。

大和小相对，美与丑相对。

2. 副词。比较 (relatively; comparatively)。例如：

这个地方的教育相对落后。

经济情况相对稳定。

各

1. 指示代词。指某个范围内的所有个体。常常用在人、机构、单位、组织等名词或一部分量词的前边。如"各人"(everyone)，"各家"(each family)，"各国"(every country)，"各学校"(every school)，"各个"(each; every)，"各位"(everybody)，"各种"(various)，"各界"(all walks of life) 等。

2. 副词。表示分别做相同的事或共同有某种特点(every; each)。例如：

解缙见了，就在对联下面各添一字。

三个班各出一个代表。

两种方式各有优点和缺点。

嫌　动词

不喜欢，不满意 (dislike; mind)。例如：

小犬无知嫌路窄。

他总嫌屋子里冷。

为大家服务，我不嫌麻烦。

对答如流

成语。回答问话像流水一样顺畅，形容反应快，口才好 (answer fluently)。例如：

> 曹尚书听解缙对答如流，连称"奇才"。

> 那个学生真聪明，老师提问时他总是对答如流。

佩服　动词

对别人的品德、才能感到敬佩、服气 (admire)。例如：

> 曹尚书听了，不得不佩服解缙的奇才。

> 他既聪明又刻苦，真令人佩服。

练　习

一　熟读课文，回答问题。

1. 见了解缙贴的对联，曹尚书为什么不愉快？
2. 为什么曹尚书要让人把解缙叫来？
3. 曹尚书给解缙开门的条件是什么？后来结果如何？
4. 结合课文中的有关词语，说一说曹尚书前后态度有哪些变化。

二　写出下列词语的反义词。

加——　　　　短——　　　　关——

窄——　　　　恨——　　　　低——

全部——　　　上联——　　　佩服——

三 把下边可以搭配的词语用线连起来。

十分　　　　　　回答
更加　　　　　　生气
全部　　　　　　惊奇
立刻　　　　　　佩服
马上　　　　　　砍去
非常　　　　　　迎接

四 仿照例子扩展词语。

对联——一副对联——贴了一幅对联——在门上贴了一副对联
竹子——
球拍——

五 阅读下边这段文字，体会对联的特点。

天对地，雨对风，大陆对长空。山花对海树，赤日对苍(cāng)穹(qióng)。雷隐隐，雾朦(méng)朦，日下对天中。风高秋月白，雨霁(jì)晚霞红。

21　送小龟回家

　　妻子从市场买回来一只小龟，送给儿子玩。那天，儿子很高兴，和小龟玩了一天。可是小龟不吃也不喝。晚上，儿子担心地问："小龟为什么不吃饭呢？"我想了想回答："小龟大概想念爸爸妈妈了。"儿子听我这么说，便央求我们带着小龟去找它的爸爸妈妈。

　　外面正下着小雨。我们一家三口，相拥在一把小花伞下，带着小龟，来到了城西的河边。

　　夜色中，我们站在岸边。河水无语，秋雨在微风中飞舞吟唱。一只水鸟孤独地在水面上扇动着翅膀。

　　"小龟的家在河里吗？"儿子认真地问我。

　　我弯下腰对儿子说："是的。小龟的爸爸妈妈就住在河里。"

　　儿子这才小心

翼翼地把小龟放在河边，轻轻向前一推："小龟回家吧。"

　　小龟缩着头，一动也不动。我们耐心地等着。小龟终于伸出了脑袋，潇洒地摇摇头，像是向我们致谢，又像是和我们道别。水面出现一圈圈美丽的涟漪，小龟潜入水中，走了，永远地走了。

儿子很兴奋地投入我的怀抱，又投入妻子的怀抱，欢呼着："小龟找到爸爸妈妈啦——"

（根据杨进《送小龟回家》改写）

guī	gū	yì	suō	xiāo	qián
龟	孤	翼	缩	潇	潜

生　词　NEW WORDS

龟	guī	tortoise; turtle		孤独	gū dú	lonely
担心	dān xīn	worry about; feel anxious		扇动	shān dòng	fan; flap
				缩	suō	draw back; withdraw
吃饭	chī fàn	eat		潇洒	xiāo sǎ	natural and unrestrained
想念	xiǎng niàn	miss; think of				
央求	yāng qiú	beg; request		致谢	zhì xiè	express one's thanks
相拥	xiāng yōng	closely related; crowd		道别	dào bié	say good-bye to; bid farewell to
夜色	yè sè	the dim light of night				
吟唱	yín chàng	chant; recite		涟漪	lián yī	ripples
				潜入	qián rù	dive into

词 语 例 解

大概

1. 副词。相当于"大约"，表示有很大的可能性。一般指对时间、数量的估计，对情况的推测 (probably; most probably)。例如：

小龟大概想念爸爸妈妈了。

看上去，小姑娘大概有五六岁的样子。

太阳都出来了，大概不会再下雨了。

＊"大约"多用于对数量或时间的估计。

2. 形容词。指不十分精确或详尽 (approximate)。例如：

我只知道一个大概数字。

这就是当时的大概情况。

在

1. 动词。存在，生存 (exist; be living)。例如：

他的父母都健在。

那张相片现在还在。

＊做动词时，也可以表示人或事物存在的位置 (There be sth. on)。例如：

小龟的家在河里吗？

书包在桌子上。

小云在图书馆。

2. 介词。表示处所、方位、时间等 (on; at)。例如：

我们相拥在一把小花伞下。

一只水鸟孤独地在水面上扇动着翅膀。

开会时间定在明天上午。

3. 副词。表示动作正在进行 (be doing sth.)。例如：

老师在讲课，不要随便说话。

他们在打篮球。

小心翼翼

成语。形容十分小心、谨慎 (extremely careful)。例如:

儿子小心翼翼地把小龟放在河边,轻轻向前一推。

他小心翼翼地推开门,唯恐惊醒了熟睡的妈妈。

他做事一向小心翼翼,不会出什么意外的。

永远　副词

表示时间很长久,没有结束 (always; forever)。例如:

小龟潜入水中,永远地走了。

活到老,学到老,学习永远没有止境。

鹊桥相会是民间传说,实际上这两颗星永远也不会相遇。

投入

1. 动词。进入某种环境、状态 (throw into; put into)。例如:

儿子很兴奋地投入我的怀抱,又投入妻子的怀抱。

新建的首都机场已经正式投入使用。

2. 形容词。集中精力 (concentrated)。例如:

她演戏演得很投入。

他干起工作来非常投入,从来不受其他事情的干扰。

练　习

一　读读写写,记住这些词语。

龟——乌龟　　求——央求　　找——寻找

伞——花伞　　孤——孤独　　翅——翅膀

推 —— 推动　　缩 —— 缩小　　潇 —— 潇洒
致 —— 致谢　　潜 —— 潜水　　投 —— 投入

二　把能搭配的词语连起来，注意它们的用法。

担心　　美丽的翅膀　　　孤独地　　站在街头
想念　　祖国的亲人　　　耐心地　　又说又笑
扇动　　出现问题　　　　兴奋地　　等待别人

三　选择合适的词语填空。

　　　　大概　　　大约　　　投入　　　认真

1.过了＿＿＿ 一个小时，他才回来。

2.如果只知道一个词语的＿＿＿意思，就不容易使用准确。

3.过了这么长时间，他 ＿＿＿不会来了。

4.做事要＿＿＿ ，不能马马虎虎。

5.要想学好汉语，就要多 ＿＿＿些时间和精力。

四　读读下列短语，从中选出合适的介词填在横线上。

从市场（买）　　　和小龟（玩）　　　向前（一推）
向我们（致谢）　　和我们（道别）　　在微风中（飞舞）
在水面上（扇动着翅膀）
（站）在岸边　　　（相拥）在小花伞下

1.昨天我们＿＿＿超级市场买了很多东西。

2.小云他们很晚才 ＿＿＿学校回来。

3. _____老师致以节日的祝贺。

4. 离开家里时不要忘了_____妈妈说声再见。

5. 你要的书放_____那边的书桌上。

五 会话练习。

儿子　这是妈妈给我买的小乌龟，和它一起玩真有意思。
　　　可是它为什么不吃饭呢?

爸爸　小龟大概是想念它的爸爸妈妈了。

儿子　它的爸爸妈妈在哪儿呀?

爸爸　它们住在河里。

儿子　那我们把它送回河里吧!

爸爸　那好吧! 我们一起去吧!

儿子　让我来放。小龟回家吧! 去找你的爸爸妈妈吧!

22 鸟　情

　　我喜欢养鸟，最成功的一次是养熟了一只喜鹊。

　　有一天，父亲从外地挖河回来，捉到一只小喜鹊。是只小鸟，还不会飞。父亲说："你喜欢鸟，给！"

　　我在院子里的石榴树上搭了一个窝，算是它的卧室。每天一放学，就去给它捉小虫吃。夏天的傍晚，我常常睡在石榴树旁，把床头挨着它的卧室，以防有野东西伤害它。下雨的时候，我就把它捧进屋里，放在我的床边。我还给这位鸟友起了个绰号，叫"小花"。就这样，不到放暑假，"小花"已经快长大了，而且和我有了感情。它常常伴我左右，和我玩耍。

　　有一件事让我至今难忘。暑假开学后的第一天，我和"小花"依依不舍地告了别，来到学校。第一堂课，就发生了一件难以预料的事。老师叫到我的名字时，我刚答应了一声"到"，只听"啊"的一声，一只鸟儿飞了进来，落到了我的肩膀上。我一下子惊呆了，正是我的"小花"。我一把抱住它，顾不得老师和同学们的目光，用下巴抚摸着它那缎子似的羽毛。我非常担心，像闯了大祸一样，等待着老师的批评。老师没有批评，他怎么能责怪一只不善于控制自己感情的鸟儿呢？我偷偷地看看同学们，他们的眼里不仅有好奇，更多的是羡慕呢！

原来，那天我一离开家，它就尾随着我飞来，停在了教室门口。上课时听到我的声音，误以为我在招呼它，就从教室的窗口飞了进来。我真想象不出，一只小小的鸟儿，竟和人有这么深的感情。从此，我更加细心地照顾我的"小花"了。

（根据孙荪《鸟情》改写）

liú	āi	hài	chuò	huò	zé	kòng
榴	挨	害	绰	祸	责	控

生 词 NEW WORDS

外地	wài dì	other parts of the country
石榴	shí·liu	pomegranate
卧室	wò shì	bedroom
床头	chuáng tóu	the head of a bed
挨	āi	next to
以防	yǐ fáng	in order to avoid; lest
伤害	shāng hài	injure; harm
绰号	chuò hào	nickname
依依不舍	yī yī bù shě	be reluctant to part

顾不得	gù·bu·de	cannot account
缎子	duàn·zi	satin
大祸	dà huò	disaster
批评	pī píng	criticize
责怪	zé guài	blame
控制	kòng zhì	control
尾随	wěi suí	tail behind; follow
窗口	chuāng kǒu	window

词 语 例 解

喜欢　动词

对人或事物有好感或感兴趣(enjoy; like)。可以带名词或名词短语做宾语。例如：

　　他喜欢数学，我喜欢文学。

　　我特别喜欢北京的秋天。

也可以带动词、动词短语或形容词。例如：

　　你喜欢养鸟，给！

　　我最喜欢打羽毛球。

　　他这个人就喜欢热闹。

给

1. 动词。使对方得到 (give; grant)。例如：

　　你喜欢养鸟，给！

　　他给了我一张电影票。

　　请给我一杯水喝。

2. 用在动词的后面，表示交与，付出。如"送给、发给、还给、留给、转给、贡献给"。

3. 介词。引进动作的对象，相当于"为" (for)。例如：

　　我还给这位鸟友起了个绰号。

　　医生正在给一个小朋友看病。

　　他给我们当翻译。

左右

1. 名词。指左右两边或两个方面 (the left and right sides)。例如：

　　它常常伴我左右，和我玩耍。

左右邻居相处得都很好。

不要让他左右为难。

2. 用在数量词后边，表示约数，相当于"上下"(about; or so)。如"身高一米五左右""五百元左右""百分之三十左右"。

3. "左右"分开连用，可插入动词或数量词，表示动作多次反复。例如：

她站在柜台那儿左看右看，越看越喜欢。

我左思右想，怎么也想不明白。

他拿着照相机，左一张右一张地照个没完。

难以

难于 (difficult to)。后面常常跟一个双音节动词。如"难以相信 (incredible)""难以形容 (indescribable)""难以想象 (unimaginable)""难以否认 (undeniable)""难以出口 (difficult to speak)""难以相处 (be hard to get along with)""难以预料 (be hard to expect)"等。

到　动词

1. 到达，达到 (arrive; reach)。可带"了""过"。例如：

我刚答应了一声"到"，一只鸟儿就飞了进来。

春天到了，天气渐渐暖和起来。

同学们都到齐了，我们开始上课。

2. 往，去 (go to; leave for)。例如：

我一直盼望着有机会到中国去旅游。

你要到哪儿去？

3. 做动词的补语，表示动作的结果。如"听到 (hear)""看到 (see)""想到 (think of)""回到 (return to)""找到 (find out)""送到 (deliver)""落到 (fall)"等。

练 习

一 读读记记，注意词语的组合、搭配。

养——养鸟——喜欢养鸟 　害——伤害——有意伤害

顾——照顾——细心照顾 　摸——抚摸——轻轻抚摸

批——批评——严厉批评 　随——尾随——悄悄尾随

控——控制——严格控制 　误——错误——严重错误

二 在括号中填上适当的量词。

一（　　）小鸟　　一（　　）鸟窝　　一（　　）图画

一（　　）涟漪　　一（　　）火车　　一（　　）蛋糕

一（　　）往事　　一（　　）中文课　一（　　）石榴树

三 给加线的词语选择合适的义项。

1. 小时候总是吵着妈妈<u>给</u>我讲故事。

2. 请把那本书<u>给</u>我，我还想看一看。

　（A 使得到　　B 表示交与，付出　　C 引进动作的对象）

3. 你今天<u>到</u>哪儿去了，害得我到处找你。

4. 我刚<u>到</u>家，还没来得及给你打电话。

　（A 到达，达到　　B 往，去　　C 做补语，表示动作的结果）

5. 很多小孩儿一岁<u>左右</u>就能走路了。

6. 排队时，前后<u>左右</u>要看齐。

　（A 左边和右边　　B 表示约数　　C 表示动作多次反复）

四 背诵课文三、四两段，说说"我"是怎么照顾小喜鹊的，小喜鹊"闯祸"后"我"和同学们各有什么反应。

五 下边是关于雪地捕鸟的一段描述。仔细阅读，完成后边的练习。

　　扫开一块雪，露出地面，用一枝短棒支起一面大的竹筛 (shāi) 来，下面撒些秕 (bǐ) 谷，棒上系 (jì) 一条长绳，人远远地牵着，看鸟雀下来啄食，走到竹筛底下的时候，将绳子一拉，便罩住了。

1. 查字典，了解字词的读音和意义。

　　撒　啄　罩

2. 画出其中的动词，体会运用的巧妙。

3. 试着用三五句话描述你喜欢的一个游戏。

这里是我们快乐的天地。

每天放学以后，我们就相约来到这里，把书包一扔，开始了我们有趣的活动。

在沙滩上，我们建起城堡，城堡周围筑起围墙，围墙外再插上干树枝，那是我们的树。

不知谁说了一句："这城堡里住着一个凶狠的魔王。"

接着又有人补充："他抢去了美丽的公主！"

第三个小伙伴说："你们快听，公主在城堡里哭呢！"

转眼间，我们亲手建造的城堡变成了一座魔窟，自己也成了攻打魔窟的勇士。我们又在一起商量着怎样攻下那城堡。

一个伙伴说："我驾驶飞机轰炸。"有人反驳："那时候还没有飞机呢！"

我说："挖地道，从地下装上火药，把城堡炸平。"

我的方法得到了大家的赞赏。于是我们趴在沙堆上，从四面八方挖着地道。挖呀，挖呀，终于挖到了城堡下面。把手往上一抬，城堡就被轰塌了。

我们欢呼着胜利，欢呼着炸死了魔王，欢呼着救出了公主。

可是，公主在哪儿呢？

忽然，我发现妈妈就站在我们身后，微笑着望着我们。

我大声说："啊！公主被我们救出来了，救出来了！在这儿！"我抱住了妈妈。

大家跟着我一起叫喊着，欢呼着。

妈妈开心地笑了。一面笑，一面说："妈妈怎么能当公主呢？"

但我们这群孩子都坚持说，她就是被我们救出来的公主。

真的，那时候，连我也忘记了她就是我的妈妈呀！

（根据金波《沙滩上的童话》改写）

bǎo	chōng	huǒ	shǐ	bó	wā	pā
堡	充	伙	驶	驳	挖	趴

生 词 NEW WORDS

沙滩	shā tān	sandy beach	勇士	yǒng shì	a brave and strong man; warrior
相约	xiāng yuē	reach agreement; agree	驾驶	jià shǐ	drive; pilot
城堡	chéng bǎo	castle	轰炸	hōng zhà	bomb
围墙	wéi qiáng	enclosing wall	反驳	fǎn bó	retort; rebut
凶狠	xiōng hěn	fierce and malicious	挖	wā	dig
魔王	mó wáng	Prince of the Devils	地道	dì dào	tunnel
补充	bǔ chōng	add; replenish	赞赏	zàn shǎng	appreciation; admiration
伙伴	huǒ bàn	friend; companion			
亲手	qīn shǒu	oneself; with one's own hands	趴	pā	lie prostrate; lie on one's stomach
建造	jiàn zào	build; make			
魔窟	mó kū	den of monsters	叫喊	jiào hǎn	shout; yell

词语例解

天地

1. 天和地 (heaven and earth)。例如：
   炮声震动天地。
   巨大的吼声充塞于天地之间。
2. 名词。比喻活动的范围或达到的境界(world; the universe)。例如：
   这里是我们快乐的天地。
   走入电子世界，你会发现这是一个奇妙的天地。

活动

1. 动词。运动 (move about; exercise)。多用于口语。例如：
   刚吃完饭，活动得太剧烈不好。
   天气开始转暖了，有时间可以多到外边活动活动。
2. 动词。为某种目的而行动 (act)。例如：
   明天上午兴趣小组活动，请准时参加。
   我们同乡会上半年活动了两次。
3. 名词。为某种目的而采取的行动 (activity)。例如：
   我们来到沙滩上，开始了我们有趣的活动。
   这次活动在社会上影响很大。
   适当的户外活动有助于身体健康。

又　副词

1. 表示重复或继续 (again)。例如：
   接着又有人补充。
   我们又在一起商量着怎样攻下那城堡。
   刚看完一本，他又忙着去借了一本。

＊"又"表示已经实现的重复或继续；"再"表示还没有实现的
   重复或继续，是将要发生的或者是假想的。例如：
   他去年去的西安，今年又去了一次。
   他去年去的西安，今年还准备再去一次。

115

2. "又……又……"(and)，表示几种情况同时存在或意思上更进一层。例如：

这件衣服又好看又便宜。

孩子们又是害怕又是喜欢。

一起

1. 名词。同一个地方 (in the same place; together)。例如：

我们又在一起商量着怎样攻下那城堡。

要把这些问题放在一起考虑。

我们在一起上学。

2. 副词。一齐，一同 (together; at the same time)。例如：

我们每天一起去上学。

书和衣服一起寄走了。

坚持　动词

坚决保持，不放弃 (persist in; insist on)。

后边可带名词或名词短语。如"坚持原则 (stick to a principle)""坚持自己的看法 (hold on to one's opinion)"。

也可以带动词或动词短语做宾语。例如：

我们这群孩子都坚持说，她就是被我们救出来的公主。

他坚持学外语已经有五个年头了。

他虽然身体不太舒服，但仍然坚持着把工作做完。

练　习

一　熟读课文，回答问题。

1. 题目中的"童话"是什么意思？

2. "这里是我们快乐的天地。""这里"指的是什么地方？

3. 他们用什么做树的标志？

4. "我"提出的攻打城堡的方法是什么？

5. 妈妈真的是城堡里的公主吗?

二 辨形,注音,组词。

狠 ( )＿＿＿＿ 补 ( )＿＿＿＿
很 ( )＿＿＿＿ 朴 ( )＿＿＿＿

攻 ( )＿＿＿＿ 驾 ( )＿＿＿＿
功 ( )＿＿＿＿ 贺 ( )＿＿＿＿

炸 ( )＿＿＿＿ 赏 ( )＿＿＿＿
昨 ( )＿＿＿＿ 常 ( )＿＿＿＿

三 从课文中分别找出能够表达下列意思的词语,并造句。

1. 相互约定一起做什么。

2. 两个动作紧相承接。

3. 和别人一起交换意见。

4. 提出相反的意见,说明自己的见解。

四 仿照例子变换句式,看看变换前后的句子有什么不同。

1. 公主被我们救出来了。 —— 我们救出了公主。

   茶杯被小云打碎了。 ——

   太阳被乌云遮住了。 ——

2. 妈妈怎么能当公主呢? —— 妈妈不能当公主。

   你自己去我怎么放心呢? ——

   难道我们会被这点困难吓倒吗? ——

五 抓住下边的关键词语,简单复述课文。

放学　沙滩　城堡　公主　地道　欢呼　妈妈

24 落花生

我们家的屋后有一块空地。母亲说："让它荒着可惜，你们爱吃花生，就开辟出来种花生吧。"我们姐弟几个都很高兴——买种的买种，动土的动土，浇水的浇水，没过几个月，居然收获了。

母亲说："今晚我们过一个收获节，请你们父亲也来尝尝我们的新花生。"

母亲把花生做成好几样食品，还吩咐就在屋后的亭子里过这个节。

父亲来了，这实在难得。父亲说："你们爱吃花生吗？"

我们都争着回答："爱！"

"谁能说说花生的好处呢？"

姐姐说："花生很香。"

哥哥说："花生可以榨油。"

我说："花生很便宜，许多人都能买来吃。"

父亲说："花生的好处固然很多，但有一样是很可贵的。它把果实埋在地里，必须挖出来才能看到。不像苹果、桃子、石榴那样，把鲜红嫩绿的果实高高地挂在枝头，让人一见就生羡慕之心。"

我们都说是，母亲也点点头。

父亲接着说："所以你们要像花生，虽然不好看，可是有用，是实用的东西。"

我说："那么，做人也要做有用的人，不要做只讲好看而对别人没有好处的人。"

父亲点点头："对。这正是我对你们的希望。"

我们谈到夜深才散。花生做的食品都吃完了，父亲的话却深深地印在了我的心上。

（本文作者许地山。有改动。）

huāng	jiāo	fēn	fù	tíng	zhà
荒	浇	吩	咐	亭	榨

生 词 NEW WORDS

荒	huāng	waste	可贵	kě guì	valuable
开辟	kāi pì	open up; develop	果实	guǒ shí	fruit; gains
浇水	jiāo shuǐ	sprinkle water on; water	地里	dì·li	underground; in the ground
吩咐	fēn fù	tell; instruct	嫩绿	nèn lǜ	light green
亭子	tíng·zi	pavilion; kiosk	实用	shí yòng	practical
好处	hǎo·chu	benefit; advantage	有用	yǒu yòng	useful; suitable
榨油	zhà yóu	extract oil			

词 语 例 解

居然 副词

表示出乎意料，相当于"竟然""竟"(unexpectedly)。例如：

没过几个月，居然收获了。

这么大的声音，你居然没听见。

两个人性格完全不同，居然成了好朋友。

收获

1. 动词。取得成熟的农作物 (gather in the crops)。例如：

没过几个月，居然收获了。

春天播种，秋天收获。

秋天到了，农民们高兴地收获着地里的果实。

2. 名词。比喻心得、战果等 (results; gains)。例如：

在这次旅游中，同学们都有较大的收获。

难得

1. 形容词。不容易得到或办到 (hard to come by; rare)。例如：

父亲来了，这实在难得。

这是个难得的机会，不要轻易放过。

2. 副词。不经常发生 (seldom; rarely)。例如：

这样的大雨难得遇到。

难得见一面，我们好好聊聊吧！

便宜

1. 形容词。价钱低 (cheap; inexpensive)。例如：

花生很便宜，许多人都能买来吃。

超市的东西便宜一些，我们到那里去买吧。

2. 名词。指不应该得到的利益 (small advantages)。例如：

他这个人就爱占小便宜。

不要老想占别人的便宜。

固然 连词

1. 表示确认某一事实，然后转入下文，前后意思矛盾。常常和"但是、可是、却"等配合使用 (though; no doubt)。例如：

花生的好处固然很多，但有一样非常可贵。

学习固然很紧张，但是也要抽出时间来娱乐娱乐。

这样做固然可以，可是太麻烦了。

2. 表示确认某一事实，接着说同样要承认另一事实，前后意思不矛盾。常常和"也"配合使用 (of course)。例如：

考上学校固然好，考不上也不必灰心。

多吃蔬菜固然好，主食也是不可少的。

练 习

一 给下边的多音字注音，组词。

空　　　　　　　　　辟

便　　　　　　　　　种

二 选择合适的词语填空。

居然　　　固然

1. 饮料_____好喝，但一次也不能喝得太多。

2. 你真棒，_____一次就通过了。

有用　　　实用

3. 这种药材有很大的_____价值。

4. 要做一个对社会_____的人。

三 仿照例子，扩展词语。

开辟 —— 开辟新天地　　可惜 —— 十分可惜

收获 ——　　　　　　　可贵 ——

吩咐 ——　　　　　　　羡慕 ——

四 用括号中的词语完成句子。

1. 大家都爱唱歌，我们_____。（就）

2. 今天妈妈有时间，烧了好几样中国菜，_____。（难得）

3. 花生把果实埋在地里，_____。（不像）

4. 你们要像花生那样，_____，_____。（做……，
   不要做……）

五 阅读下边这段文字，完成练习。

　　蜜蜂这东西，最爱劳动。广东天气好，花又多，蜜蜂一年四季都不闲着。酿(niàng)的蜜多，自己吃的可有限。每回割蜜，留下一点点，够它们吃的就行了。它们从来不争，也不计较什么，还是继续劳动，继续酿蜜，整日整月不辞(cí)辛苦……

1. 这段文字赞扬了蜜蜂的什么品质？

2. 了解下边几个词语的意思。
   　　酿蜜　割蜜　计较　一年四季　不辞辛苦

3. 用"不……，也不……，还是……"造句。

25 卢沟桥上的石狮子

　　汉语中有一句歇后语，叫做"卢沟桥上的狮子——数不清"。这话猛一听好像是开玩笑，怎么会数不清呢！但是，卢沟桥上雕刻的石狮子，数量很多，模样和神态又千变万化，要凭一个人的眼睛数准确，还真不那么容易。

　　卢沟桥桥面两侧是石栏杆，栏杆中间立着281根齐胸高的石望柱。每根石望柱上都雕刻着一只大狮子，大狮子的上下左右还有小狮子。这些狮子神态各异，栩栩如生。你看，这边望柱上的一只狮子，右耳高高竖起，仿佛在聚精会神地倾听桥下的流水。那边望柱上有一只母狮子，

身边有三个儿女。它正用自己的左爪轻轻地抚摸一只肥胖的小狮子，那小狮子仰面朝天，四肢拼命地摇动。第二只小狮子大概是刚吃完奶，正从母狮的腋下钻出来，睁着一双大眼睛四处张望。再看母狮背上，还有一只小狮子！它淘气地抓住母狮脖子上的毛，正摇头晃脑地嬉闹。另一根望柱上的更有意思，两只小狮子正打成一团，争着抢妈妈脖子上的铃铛。再看看另外那些小狮子吧：有的搂着母狮的腰，表情惊慌，生怕掉下河去；

有的只露出半个头和一张嘴，好像怕生似的；有的则在母狮那儿撒娇、调皮，竟爬到母狮的头顶上玩耍；更有甚者，一只小狮子还在母狮背上奔跑起来！多么富有情趣的画面啊！

那么，卢沟桥上的狮子到底有多少呢？如果你有机会到北京，去游览卢沟桥，一定要数一数，看看能不能数得清。

（根据佚名《卢沟桥上的石狮子》改写）

diāo	lán	yì	xǔ	qīng	zhī	táo	sā	jiāo
雕	栏	异	栩	倾	肢	淘	撒	娇

生　词　NEW WORDS

卢沟桥	Lú gōu Qiáo	name of a bridge
歇后语	xiē hòu yǔ	a two-part allegorical saying
开玩笑	kāi wán xiào	crack a joke; make fun of
雕刻	diāo kè	carve; engrave
千变万化	qiān biàn wàn huà	ever changing
栏杆	lán gān	railing; banisters
神态	shén tài	expression; manner
倾听	qīng tīng	listen attentively to
流水	liú shuǐ	running water
仰面朝天	yǎng miàn cháo tiān	face upward

四肢	sì zhī	the four limbs; arms and legs
腋下	yè xià	armpit
淘气	táo qì	naughty; mischievous
铃铛	líng·dang	small bell
惊慌	jīng huāng	alarmed; scared
生怕	shēng pà	for fear that; so as not to
撒娇	sā jiāo	act like a spoiled child
调皮	tiáo pí	naughty; mischievous
头顶	tóu dǐng	the top of the head
情趣	qíng qù	temperament and interest; charming; appealing

124

词 语 例 解

怎么 代词

1. 表示询问 (what; why; how)。例如：

   怎么会数不清呢？

   他怎么这么高兴？

   这是怎么回事？

2. 表示任指。常常和"就、都"配合使用 (whatever)。例如：

   你想怎么办就怎么办吧。

   不管怎么困难都必须按时到校。

容易 形容词

1. 不难 (easy; not difficult)。例如：

   凭一个人的肉眼数准确不那么容易。

   这篇课文学着比较容易。

   这句话不容易懂。

2. 可能性大 (easily; likely)。例如：

   开车不小心容易出事故。

   汽油容易挥发。

仿佛 副词

好像，似乎 (seem; as it)。多用于书面语。例如：

   一只小狮子仿佛在聚精会神地倾听桥下的流水。

   读着这些有趣的故事，我们仿佛也被带进了童话世界。

   他们两个仿佛很熟悉似的。

……似的 助词

用在名词、动词或代词的后边，表示跟某种事物或情况相类似。

例如：

小狮子好像怕生似的。

天上的白云像雪似的那么白。

他高兴得什么似的。

到底 副词

1. 用于疑问句，相当于"究竟"(ever; indeed)。例如：

卢沟桥上的石狮子到底有多少呢？

事情到底怎么样了？

你到底去还是不去？

2. 用于陈述句，相当于"终于"(at last; in the end)。例如：

经过一番曲折，困难到底克服了。

他思考了很长时间，到底把问题搞清楚了。

练 习

一 给多音字注音，组词。

数 背
长 调

二 仿照例子，扩展词语。

雕——雕刻——精心雕刻

倾——

抚——

栏——栏杆——光滑的栏杆

表——

画——

三 读读写写，用加线的成语造句。

千变万化 　　　栩栩如生 　　　聚精会神
仰面朝天 　　　四处张望 　　　摇头晃脑

千变万化——

栩栩如生——

聚精会神——

四 背诵课文第二段，想想这段描述好在哪里。

五 下边这段也是写卢沟桥上的狮子的，比照课文，完成练习。

　　　（卢沟桥）桥面用石板铺砌(qì)，两旁有石栏石柱。每个柱头上都雕刻着不同姿态的狮子。这些石刻狮子，有的母子相抱，有的交头接耳，有的像倾听水声，千态万状，惟妙惟肖。

1.查字典，了解"交头接耳"和"惟妙惟肖"的意思，说说"惟妙惟肖"和"栩栩如生"的主要区别。

2.课文中哪些话是描述"母子相抱"的？

3."有的像倾听水声"，这句话在课文中是怎样描述的？

26　学　诗

　　我七岁的时候，开始跟祖父学诗。祖父念一句，我就跟着念一句。至于祖父说的都是些什么字，什么意思，我全不知道，只觉得念起来那声音很好听，所以很高兴地跟着喊。祖父说："没有你这样念诗的。你这不叫念诗，简直是乱叫！"但我觉得这乱叫的习惯不能改，要是不让我叫，我念它干什么？

　　每当祖父教一首新诗，一开头如果觉得不好听，我就说："不学这首。"于是祖父就换一首。

　　春眠不觉晓，处处闻啼鸟。

　　夜来风雨声，花落知多少。

　　这首诗我很喜欢，一念到"处处闻啼鸟"的"处处"两字，我就高兴起来，觉得这首诗实在是好，真好听！还有一首我更喜欢的：

　　重重叠叠上瑶台，

　　几度呼童扫不开。

　　刚被太阳收拾去，

　　却教明月送将来。

　　这"几度呼童扫不开"，我根本不知道是什么意思，总念成"西汤忽通扫不开"。越念越觉得好听，越念越觉得有趣味。

　　就这样念了几十

首以后，祖父开始讲解了。

　　"少小离家老大回，乡音无改鬓毛衰。"祖父说：这是说小时候离开家到外边去，老了回来。家乡的口音没有改，胡子却都白了。"儿童相见不相识，笑问客从何处来。"小孩子见了就招呼着说："你这个白胡子老头儿是从哪里来的？"

　　后来再学诗，祖父一定要先讲解，我开始渐渐领略到中国诗歌的魅力，那大喊大叫的习惯也稍微改了一点儿。长大以后回忆起这段往事，觉得很可笑，但它确实给我的童年生活增添了不少色彩。

mián	tí	dié	shuāi	mèi
眠	啼	叠	衰	魅

生 词　NEW WORDS

至于	zhì yú	as for; as to
好听	hǎo tīng	pleasant to hear
眠	mián	sleep
处处	chù chù	everywhere
啼	tí	crow; caw
重重叠叠	chóng chóng dié dié	layer upon layer; one on top of another
瑶台	yáo tái	place where a Chinese goddess lived
几度	jǐ dù	some times
趣味	qù wèi	interest; delight
讲解	jiǎng jiě	explain

少小	shào xiǎo	young
老大	lǎo dà	old
乡音	xiāng yīn	accent of one's native place; local accent
鬓毛	bìn máo	hair and beard
衰	shuāi	thin
相见	xiāng jiàn	meet each other
领略	lǐng lüè	comprehend; grasp
魅力	mèi lì	glamour; charm
稍微	shāo wēi	a little; slightly
回忆	huí yì	call to mind; recall
往事	wǎng shì	the past; past events

词语例解

开始

1. 动词。从头起，从某一点起 (begin)。例如：

　　新的一年开始了。

　　从此，我们开始了新的生活。

2. 动词。着手进行 (begin; start)。例如：

　　我七岁的时候，开始跟祖父学诗。

　　就这样念了几十首以后，祖父开始讲解了。

　　游泳比赛下周开始报名。

3. 名词。开始的阶段 (initial stage; beginning)。例如：

　　学习一种新的语言，开始总会遇到一些困难。

　　小明开始不想去公园，后来在妈妈的劝说下他同意去了。

习惯

1. 动词。适应 (get used to; get accustomed to)。例如：

　　艾伦刚来中国时对这里的生活还不习惯。

　　杰克已经习惯了这里的气候。

2. 名词。长时间形成的一种行为倾向或社会风尚 (habit)。例如：

　　但我觉得这乱叫的习惯不能改。

　　东方人的生活习惯跟西方人不同。

　　中国人过春节有吃饺子的习惯。

实在

1. 形容词。诚实，不虚假 (true; honest)。例如：

　　这话听起来很实在。

　　小李这人挺实在。

2. 副词。相当于"的确""确实" (really; honestly)，带有强调的语气。例如：

　　我觉得这首诗实在是好。

这本小说我实在太喜欢了。

这件事我实在不知道。

根本

1. 形容词。主要的，重要的 (fundamental; essential)。例如：

不要回避最根本的问题。

宪法是国家的根本大法。

2. 副词。本来，从来；完全 (at all; simply)。多用于否定句。例如：

我根本不知道是什么意思。

车子开得根本就不快。

这种做法我根本就不赞成。

这样

1. 代词。相当于"这么"(so; such)，指示性状、程度或方式。

例如：

就这样念了几十首以后，祖父开始讲解了。

这样的风沙在南方没见过。

担负这样重大的责任，真够难为他的。

2. 代替某种动作或情况 (so; such)。例如：

只有这样才能学好汉语。

情况就是这样。

练　习

一　熟读课文，回答问题。

1. 作者开始跟祖父学诗的时候，为什么很高兴地跟着喊？
2. 作者为什么总是把"几度呼童扫不开"念成"西汤忽通扫不开"？

3. 祖父是什么时候开始讲解诗句意思的?

4. 作者念诗时大喊大叫的习惯,后来为什么稍微改了一点儿?

5. 作者是怎样看待小时候跟祖父学诗这段经历的?

二 给下面的字注音并组词。

简 (　　)＿＿　　　　瑶 (　　)＿＿

趣 (　　)＿＿　　　　招 (　　)＿＿

添 (　　)＿＿　　　　彩 (　　)＿＿

三 给句中加线的词选择正确的义项。

1. 汤姆六岁时开始跟父亲学中文。
 (A 从头起　B 着手进行　C 开始的阶段)

2. 小明改掉了躺着看书的习惯。
 (A 适应　B 长时间形成的行为倾向或社会风尚)

3. 大伟是个很实在的青年。
 (A 诚实　B 的确;确实)

4. 这事儿他根本不知道。
 (A 本来,从来;完全　B 主要的;重要的)

四 仿照例句造句。

1. 一开头如果觉得不好听,我就说:"不学这首。"
 如果……就……

2. 一念到"处处闻啼鸟"的"处处"两字,我就高兴起来。
 一……就……

五 背诵课文中你最喜欢的一首古诗。

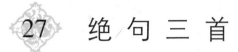

27 绝句三首

杂 诗

王 维

君自故乡来，应知故乡事。
来日绮窗前，寒梅著花未。

望庐山瀑布

李 白

日照香炉生紫烟，遥看瀑布挂前川。
飞流直下三千尺，疑是银河落九天。

图·马振祥

七夕

杜　牧

银烛秋光冷画屏，轻罗小扇扑流萤。

天街夜色凉如水，卧看牵牛织女星。

	jūn	lú	pù	lú	zǐ	zhú	píng	yíng
	君	庐	瀑	炉	紫	烛	屏	萤

生　词　NEW WORDS

君	jūn	gentleman
自	zì	from
应	yīng	certainly; surely
绮窗	qǐ chuāng	beautiful window
寒梅	hán méi	early plum blossom
著	zhù	show; bloom
未	wèi	have not; did not
庐山	Lú Shān	a mountain in Jiangxi Province
瀑布	pù bù	waterfall
香炉	xiāng lú	the Xianglu Peak
紫烟	zǐ yān	purple fog
九天	jiǔ tiān	the highest of heavens
烛	zhú	candle
画屏	huà píng	painted screen
轻罗小扇	qīng luó xiǎo shàn	the light and little gauze fan
流萤	liú yíng	the flying fireflies
天街	tiān jiē	imperial palace
牵牛	qiān niú	the cowherd; Altair

练 习

一 读读记记，了解词语的用法。

故——故乡　　　绮——绮窗
寒——寒梅　　　瀑——瀑布
紫——紫烟　　　画——画屏
银——银河　　　流——流萤

二 给下面句子里加线的词选择正确的义项。

1. 君<u>自</u>故乡来 （A 自己　　 B 从）
2. 寒梅<u>著</u>花未 （A 著名　　 B 开）
3. 轻罗小扇<u>扑</u>流萤 （A 扑向　　 B 拍打）

三 《杂诗》描写主客的问答，最后两句表达了作者什么样的感情？

四 《望庐山瀑布》中哪些诗句描绘了庐山瀑布的雄伟气势？

五 背诵这三首诗。

28　律诗二首

春夜喜雨

杜　甫

好雨知时节，当春乃发生。
随风潜入夜，润物细无声。
野径云俱黑，江船火独明。
晓看红湿处，花重锦官城。

黄鹤楼

崔　颢

昔人已乘黄鹤去，此地空余黄鹤楼。
黄鹤一去不复返，白云千载空悠悠。
晴川历历汉阳树，芳草萋萋鹦鹉洲。
日暮乡关何处是？烟波江上使人愁。

生 词　NEW WORDS

时节	shí jié	season
当	dāng	just then
乃	nǎi	exactly; precisely
润物	rùn wù	moisten soil and plant
野径	yě jìng	field path
俱	jù	all
锦官城	Jǐn guān Chéng	name of a city
黄鹤楼	Huáng hè Lóu	the Yellow Crane Tower

昔	xī	past; old
复返	fù fǎn	return again
千载	qiān zǎi	a thousand years
悠悠	yōu yōu	floating in the sky
历历	lì lì	distinctly; clearly
芳草	fāng cǎo	fragrant grass
萋萋	qī qī	luxuriant
暮	mù	dusk; sunset
乡关	xiāng guān	native place; home town
烟波	yān bō	mist(y)

练　习

一　辨形，注音，组词。

替（　　）＿＿　　　　　棉（　　）＿＿
潜（　　）＿＿　　　　　锦（　　）＿＿

经（　　）＿＿　　　　　妻（　　）＿＿
径（　　）＿＿　　　　　萋（　　）＿＿

栽（　　）＿＿　　　　　秋（　　）＿＿
载（　　）＿＿　　　　　愁（　　）＿＿

二　给下面句子里加线的词选择正确的义项。

1.随风潜入夜　（A　悄悄地　　B　钻进水里）
2.江船火独明　（A　火光　　　B　灯光，灯火）
3.晓看红湿处　（A　知道　　　B　清晨）

三　《春夜喜雨》里哪些诗句是描写春雨中的夜景的？哪些诗句是表达诗人喜悦之情的？

四　"日暮乡关何处是，烟波江上使人愁"表达了诗人怎样的感情？

五　背诵这两首诗。

29　武松打虎

　　武松从酒店里出来，提着哨棒向景阳冈走去。走了四五里路，来到一个山冈下，看见一棵大树，当中刮去一层皮，上面写着："景阳冈上有老虎，来往行人必须在中午前后结伴过冈。"武松看了，笑着说："这是吓唬人，我怕什么？"又走了不到半里路，看见一座破庙，门上贴着一张官方的布告。仔细一读，才相信这儿真的有老虎。他犹豫了一会儿，说："怕什么！上去看看！"。

　　武松走进一片树林时，天慢慢地黑了下来。这时他酒劲发作，看见一块大石板，就把哨棒放在一边，躺在石板上。正要睡着，忽然刮起一阵狂风，接着"扑"的一声，从树后跳出一只大老虎。武松一见，"哎呀"一声，连忙翻身起来，抄起哨棒，闪在石板旁边。

图·刘继卣

　　那老虎又饿又渴，猛扑过来，武松急忙一闪，躲在老虎背后。老虎又把腰一纵，掀了起来，武松又闪在一边。接着老虎又竖起尾巴猛地一扫，武松又急忙闪在另一边。那老虎见没扫着，大吼一声转过头来。武松一看，连忙举起哨棒，用尽全身力气劈了下来。

可惜这一棒打得太急，没打着老虎，却打在树上，那条哨棒折成了两截。老虎这时更凶了，吼叫着又扑过来。武松一跳，退了十几步，老虎正好落在武松面前。武松一把抓住老虎的头，按在地上，用脚朝老虎脸上、眼里乱踢。接着，又用左手按住老虎，右手举起拳头猛打了六七十下，老虎眼里、嘴里、鼻子里、耳朵里都流出了血。武松还怕老虎没死，找到那根断了的哨棒，又打了一阵。直到老虎一点气都没了，才扔了哨棒，过冈去了。

gāng	hǔ	kuáng	zòng	xiān	hǒu	pī
冈	唬	狂	纵	掀	吼	劈

生 词 NEW WORDS

酒店	jiǔ diàn	restaurant	翻身	fān shēn	turn over
哨棒	shào bàng	cudgel	纵	zòng	jump up; leap
结伴	jié bàn	go with; go together	掀	xiān	lift; swing
吓唬	xià·hu	frighten; scare	吼	hǒu	roar; howl
官方	guān fāng	official	用尽	yòng jìn	exhaust; use up
布告	bù gào	notice	全身	quán shēn	the whole body
酒劲	jiǔ jìn	a tipsy feeling	劈	pī	break off; strike
发作	fā zuò	show effect	吼叫	hǒu jiào	roar; howl
狂风	kuáng fēng	fierce wind; gale	拳头	quán·tou	fist

词 语 例 解

下来　动词

1. 用在动词后，表示动作由高处向低处 (indicating movement from a higher position to a lower one)。例如：

   （武松）用尽全身力气从半空劈了下来。

   眼泪顺着脸颊流下来。

   河水从山上流了下来。

2. 用在动词之后，表示动作的完成或结果 (indicating completion or result of an action)。例如：

   车子停了下来。

   这首诗我终于背下来了。

3. 用在形容词后，表示某种状态开始并继续发展 (indicating the beginning and continuation of a state)。例如：

   天慢慢地黑了下来。

   声音渐渐低了下来。

   会场刚刚安静下来。

起来

1. 动词。表示由坐、卧而站或由躺而坐的动作 (get up; rise)。

   例如：

   武松一见，"哎呀"一声，连忙翻身起来。

   别老躺着，起来活动活动。

   快叫他起来，有急事商量。

2.动词。用在动词后做补语，表示动作由下向上(indicating upward movement)。例如：

老虎把腰一纵，掀了起来。

从后排站起来一个人。

小王抬起头来看了看。

＊动词和"起来"之间可以插入"得""不"。例如：

这件行李我提得起来，小刚提不起来。

3.动词。用在动词或形容词之后，表示动作或情况开始，并有继续下去的意思 (indicating the beginning and continuation of action)。

例如：

天气渐渐暖和起来。

大伙儿唱起来了。

急忙　副词

相当于"连忙"(in a hurry; hastily)，表示动作很快，含有情况紧迫、心里着急的意思。例如：

武松急忙一闪，躲在老虎背后。

陈老师急忙穿上外套跑出门去。

眼看天要下雨，小刚急忙往家里赶。

闪　动词

1.快速躲避 (dodge; duck)。例如：

老虎把腰一纵，掀了起来，武松又闪在一边。

武松急忙一闪，躲在老虎背后。

汤姆见爸爸追来，赶紧闪在树后。

2. 闪耀 (glitter; shine)。例如：

  安娜的眼里闪着泪花。

  塔顶闪着金光。

正好　副词

  相当于"刚好""恰好"(just; it so happened that)。例如：

   老虎正好落在武松面前。

   看完戏回家正好十点钟。

   我出门的时候，正好汤姆从外面回来。

  ＊"你来得正好""这衣服我穿正好"中的"正""好"是两个词，
  表示"正合适"的意思。

练　　习

一 辨形，注音，组词。

  虎（　　）____　　酒（　　）____　　哨（　　）____
  唬（　　）____　　洒（　　）____　　消（　　）____

  辟（　　）____　　惜（　　）____　　易（　　）____
  劈（　　）____　　借（　　）____　　踢（　　）____

二 选词填空。

    什么　　怎么　　为什么

1. 我们（　　　）不换个角度来分析这个问题呢？

2. 你是（　　　）学会说上海话的？

3. 这是（　　　）地方？

才　　就　　又

1. 这事儿直到今天我（　　　）知道。

2. 他一有空（　　　）抓紧时间学习。

3. 这两个问题既有区别，（　　　）有联系。

以为　　认为　　相信

1. 原来是你，我还（　　　）是小刚呢。

2. 游泳被人们（　　　）是一种有益的体育运动。

3. 小明并不（　　　）大伟所说的一切。

三　在括号里填上适当的量词。

一（　　　）小树　　　　　一（　　　）破庙

一（　　　）老虎　　　　　一（　　　）布告

一（　　　）狂风　　　　　一（　　　）树林

四　读读写写，并用加线的词语造句。

刮　　　闪　　　纵　　　按

结伴　　仔细　　忽然　　拳头

仔细 ——

忽然 ——

五　选择括号中的词语把句子补充完整。

1. 车 ＿＿＿＿ 了，咱们上车吧。（过去，过来）

   你在这儿等着，我 ＿＿＿＿ 看看。

2. 他从楼上走 ＿＿＿＿。（上来，下来）

   他在楼下，没 ＿＿＿＿。

3. 咱们顺着山坡爬 ＿＿＿＿ 吧！（上去，下去）

   船渐渐沉 ＿＿＿＿ 了。

4. 我刚从纽约 ＿＿＿＿。（起来，回来）

   他睡着还没 ＿＿＿＿ 呢。

30 美猴王

　　相传在古代，海外有个傲来国。这个国家临近大海，海中有一座山，名叫花果山，山顶上有块仙石。一天，这块石头突然裂开，蹦出一只石猴。这石猴五官俱全，四肢齐备，眼里还能射出两道金光。石猴在山中林间奔跑跳跃，吃草木花果，喝山涧清泉，跟其他猴子一起快乐地生活着。

　　有一天，天气酷热，猴子们都在树阴底下玩耍。他们玩累了，来到泉边洗澡。有只猴子边洗边好奇地问："咦，这水是从哪儿流来的？"另外一只猴子说："反正我们闲着也是闲着，不如沿着这股溪流往上找，看看它的源头究竟在哪儿。"众猴纷纷响应，一直寻到水源尽头。原来是一股瀑布飞泉。猴子们拍手叫道："好水！好水！如果哪位能钻进去，出来又不伤着身体，我们就尊他为王。"话音刚落，只见那石猴从猴群中跳出，纵身跳进瀑布飞泉中。不一会儿，石猴就跳了出来。众猴赶忙把他围住，急切地询问里边的情况。石猴答道："里边没有水，只有一座铁板桥，桥边有花有树，再往里还有一座石头房子。

房子里有石床石凳、石锅石灶、石碗石盆，中间有一块石头，上面刻着'花果山福地，水帘洞洞天'。里面宽阔得很，真是个居住的好地方，我们都搬进去住吧！"

众猴听了，个个欢喜。于是在石猴的带领下，一只跟着一只跳进瀑布飞泉中，在石洞里住了下来。

从此以后，这石猴就自称"美猴王"，领着那群猴子日游花果山，夜宿水帘洞，过着快乐、自在的生活。

yuè	xián	gǔ	xún	dèng	guō	zào
跃	闲	股	询	凳	锅	灶

生 词 NEW WORDS

临近	lín jìn	close to
裂开	liè kāi	split open; rend
五官	wǔ guān	the five sense organs; facial features
俱全	jù quán	complete in all varieties
齐备	qí bèi	all ready
跳跃	tiào yuè	jump; leap
清泉	qīng quán	clear spring
酷热	kù rè	extremely hot
闲	xián	idle; unoccupied
股	gǔ	a measure word
溪流	xī liú	brook; rivulet
源头	yuán tóu	fountainhead; source
响应	xiǎng yìng	respond; answer
水源	shuǐ yuán	source of a water
尽头	jìn tóu	end
话音	huà yīn	one's voice in speech
纵身	zòng shēn	jump; leap
急切	jí qiè	eagerly; urgently
询问	xún wèn	ask about; inquire
凳	dèng	stool
锅	guō	pot; pan
灶	zào	kitchen; cooking stove
宽阔	kuān kuò	broad; wide; spacious
欢喜	huān xǐ	happy; delighted
自称	zì chēng	call oneself

词语例解

其他　代词

另外的、别的。指前面所说范围之外的人或事 (other; else)。例如：

跟其他猴子一起快乐地生活着。

除了大伟以外，其他的人都去故宫了。

昨晚的音乐会，小提琴独奏非常好，其他节目也不错。

另外

1. 代词。别的，此外的 (another; other)。相当于"其他"。例如：

另外一只猴子说……

我们几个人坐车去，另外的人乘船去。

您说的是另外一个问题。

2. 副词。表示在上文所说的范围之外 (separately)。例如：

今天我有事儿，咱们另外再找时间谈吧。

原来的办法不行，咱们还得另外想办法。

3. 连词。相当于"此外"(besides; moreover)，后面可以有停顿，用逗号隔开。多用于口语。例如：

这篇文章我改动了几处，另外又补充了一段。

他昨天进城买了一本词典，另外，还顺便去看望了几位朋友。

反正

1. 副词。强调在任何情况下结论或结果都不改变 (anyway; anyhow; in any case)。例如：

无论你说得多么好听，反正我不相信。

去不去随你便，反正车票已经买了。

2. 强调理由或者原因，意思与"既然"相近，但语气要强一些 \ (since; now that)。例如：

反正我们闲着也是闲着，还不如去找找这溪流的源头。

反正不远，咱们就走着去吧。

反正时间还早，咱们再聊会儿吧。

沿着 介词

　　表示经过的路线，后面可以加"着"(along)。例如：

　　　　不如沿着这股溪流往上找，看看它的源头究竟在哪儿。

　　　　沿着这条路往前走，很快就可以到天安门了。

　　　　他每天清晨沿着公园慢跑一圈。

究竟

　　1.名词。结果，原委 (outcome; what actually happened)。例如：

　　　　大家都想知道个究竟。

　　　　问了半天也没问出个究竟来。

　　2.副词。多用在疑问句里，表示追究，有加强语气的作用，相当
　　　　于"到底"(actually; ever)。例如：

　　　　不如沿着这股溪流往上找，看看它的源头究竟在哪儿。

　　　　这究竟是怎么回事？

　　　　问题究竟出在哪里呢？

练　习

一　比较下列各组字在读音和字形上的异同。

　　　　占——站——钻——粘　　　　皮——破——坡——披

　　　　土——肚——灶　　　　　　　醉——配——酷

　　　　没——投——股　　　　　　　桥——骄——轿

二　在括号里填上适当的反义词。

　　　　快乐（　　　）　　进去（　　　）　　闲（　　　）

　　　　出来（　　　）　　宽阔（　　　）　　热（　　　）

三 读读写写，并用加线的词语造句。

齐备　　跳跃　　清泉　　溪流
响应　　纵身　　询问　　于是

响应 ——

询问 ——

于是 ——

四 选词填空。

1. 小明关心地（　　）父母的健康状况。

　　大家还有什么（　　）吗？（疑问，询问）

2. 小平（　　）一进屋，就有人来找他。

　　你为什么这会儿（　　）说呢？（才，刚）

3. 我还以为是谁呢，（　　）是你呀。

　　他跟我下棋（　　）没赢过。（从来，原来）

4. 时间不早了，（　　）回去吧！

　　听见有人叫他，小平（　　）出去开门。（赶忙，赶快）

五 阅读下边这段文字，完成练习。

　　有的知识只须浅尝，有的知识只须粗知。只有少数专门知识需要深入钻研，仔细揣(chuǎi)摩(mó)。所以，有的书只须读其中一部分，有的书只须知其梗(gěng)概，而对于少数好书，则要精读，细读，反复地读。

1. 了解下边几个词语的意思。

　　浅尝　　专门　　揣摩　　梗概

2. 这段文字告诉我们读书有哪几种方式？

3. 用"有的……，有的……"造句。

生 字 表

1	yā 鸦(鴉)	má 麻	mà 骂(罵)	hèn 恨	méi 霉(黴)	fèn 愤(憤)		
2	wèi 喂	lián 怜(憐)	wēn 温	jiǎo 狡	huá 猾	xiōng 凶	è 恶(恶噁)	hěn 狠 miè 蔑(衊)
3	mào 茂	shòu 瘦	yóu 犹(猶)	yù 豫	qī 欺	xiù 绣(繡)	shuǎi 甩	mǒu 某
4	yì 义(義)	quǎn 犬	bǎng 绑(綁)	zǎi 宰	lèi 泪	yān 淹	zā 扎	zhàng 账(賬)
5	xiē 歇	liáo 聊	shì 誓	fān 番	gǒng 拱			
6	pì 辟(闢)	zhòu 宙	zōng 宗	hú 糊	zhuó 浊(濁)	qū 躯(軀)	yè 液	jī 肌
7	zhèn 震	mào 冒	líng 零	quán 泉	kēng 坑	xiá 霞		
8	láng 郎	zhī 织(織)	sǎo 嫂	zǎo 澡	qī 妻			
9	chén 臣	qiān 牵(牽)	cāi 猜	liáng 粮(糧)	yā 鸭(鴨)	qiè 切		
10	qǔ 娶	xí 媳	gù 雇	tuó 驮(馱)	kǒng 恐	tǎo 讨(討)	chān 搀(攙)	
11	yí 遗(遺)	hàn 憾	sì 饲(飼)	zhòu 昼(晝)	jūn 均	yún 匀	bù 簿	
12	yǐn 瘾(癮)	sú 俗	kuì 愧	xū 虚	kù 酷			
13	là 腊(臘)	zhōu 粥	xiāo 宵	gòng 供	pǔ 普	jī 饥(饑)	huī 恢	fàn 泛
14	biān 鞭	yān 烟	zhuì 缀(綴)	yōu 悠	bào 爆			
15	xīn 欣	shǎng 赏(賞)	jí 吉	xiáng 祥	méi 枚	zèng 赠(贈)		

151

16	niǔ 扭	máo 茅	ma 嘛					
17	wèi 谓(謂)	huì 汇(匯彙)	shū 殊	chāi 拆	yōu 忧(憂)	chóu 愁		
18	diān 颠(顛)	ò 哦	fēng 蜂	gāo 糕				
19	fān 帆	zài 载(載)	wú 吴(吴)	hēi 嘿	ǹ(ng) 嗯			
20	yú 愉	xián 嫌	péng 鹏(鵬)	qí 棋	fǎng 纺(紡)	xiàn 线(綫)		
21	guī 龟(龜)	gū 孤	yì 翼	suō 缩(縮)	xiāo 潇(瀟)	qián 潜		
22	liú 榴	āi 挨	hài 害	chuò 绰(綽)	huò 祸(禍)	zé 责(責)	kòng 控	
23	bǎo 堡	chōng 充	huǒ 伙(夥)	shǐ 驶(駛)	bó 驳(駁)	wā 挖	pā 趴	
24	huāng 荒	jiāo 浇(澆)	fēn 吩	fù 咐	tíng 亭	zhà 榨		
25	diāo 雕	lán 栏(欄)	yì 异(異)	xǔ 栩	qīng 倾(傾)	zhī 肢	táo 淘	sǎ 撒	jiāo 娇(嬌)
26	mián 眠	tí 啼	dié 叠	shuāi 衰	mèi 魅			
27	jūn 君	lú 庐(廬)	pù 瀑	lú 炉(爐)	zǐ 紫	zhú 烛(燭)	píng 屏	yíng 萤(螢)
28	lù 律	jìng 径(徑)	jù 俱	jǐn 锦(錦)	xī 昔	fǎn 返	mù 暮	
29	gāng 冈(岡)	hǔ 唬	kuáng 狂	zòng 纵(縱)	xiān 掀	hǒu 吼	pī 劈	
30	yuè 跃(躍)	xián 闲(閑)	gǔ 股	xún 询(詢)	dèng 凳	guō 锅(鍋)	zào 灶(竈)	